Hans-Peter Zimmermann

Buchhaltung – ein Kinderspiel!

Hans-Peter Zimmermann

Buchhaltung – ein Kinderspiel!

Eine 100-minütige, spannende Reise durch die Welt der doppelten Buchführung

Für alle, die es endlich wissen wollen...

apm verlag bern

Buchhaltung – ein Kinderspiel!

Zimmermann, Hans-Peter
Buchhaltung – ein Kinderspiel! / Hans-Peter Zimmermann.
ISBN 3-905091-04-6

Mitarbeit und Lektorat:
Siehe Anhang 3

Bezugs-Adresse:
apm Vertrieb und Seminare
Bernstr. 217
CH-3052 Zollikofen (Schweiz)
Telefon (031) 911 48 48
Fax (031) 911 49 00

1. Auflage 1996

© apm Verlag Bern, alle Rechte beim Autor
Alle Rechte, insbesondere das Recht der Vervielfältigung und Verbreitung sowie der Übersetzung, vorbehalten. Kein Teil des Werkes darf in irgendeiner Form (durch Fotokopie, Mikrofilm oder ein anderes Verfahren) ohne schriftliche Genehmigung des Verlages reproduziert oder unter Verwendung elektronischer Systeme gespeichert, verarbeitet, vervielfältigt oder verbreitet werden.
Der Inhalt dieses Buches dient ausschließlich der Unterhaltung. Sämtliche Angaben erfolgen ohne Gewähr. Autor und Verlag übernehmen keine Haftung in irgendwelcher Form.

Illustrationen (Clip Art):
Bee Line, Klaus Kehlet, Dänemark
Image Club Graphics, Calgary/Canada
Wayzata Technology, Grand Rapids/Minnesota (USA)
Tanner Dokuments KG, Lindau/Deutschland
Umschlagentwurf und Satz: Business Management Institute, Reno/Nevada
Druck und Bindearbeiten: Kösel GmbH & Co., D-87435 Kempten
Printed in Germany
ISBN 3-905091-04-6

Das steht drin...

In 10 mal 10 Minuten werden Sie zum Buchhaltungs-Profi:

Wer das Vorwort nicht liest,
ist selber schuld 7

Die ersten 10 Minuten:
**Von der Milchbüchlein-Rechnung
zur Buchhaltung** 11

Die zweiten 10 Minuten:
**Was besitze ich alles?
(Aktiven)** 16

Die dritten 10 Minuten:
**Wem schulde ich wieviel?
(Passiven)** 20

Die vierten 10 Minuten:
Erfolgsrechnung – wozu das? 24

Die fünften 10 Minuten:
Wie machen's denn die Großen? 28

Die sechsten 10 Minuten:
**Raus und rein, raus und rein...
(Buchungssätze)** 35

Buchhaltung – ein Kinderspiel!

Die siebten 10 Minuten:
**Vom Anfänger zum Champion
(noch mehr Buchungssätze)** 55

Die achten 10 Minuten:
Der Jahresabschluß? No problem! 68

Die neunten 10 Minuten:
**Und alles beginnt von vorn...
(Schlußbilanz und neue Eröffnungsbilanz)** 96

Die zehnten 10 Minuten:
**Wo lassen Sie buchhaltern?
(Zwei Computer-Programme
für Windows und Mac)** 106

Gratis-Zugabe:
**Wenn ich zu meinem Banker geh'...
(Wie man seine Vorhaben finanziert)** 121

Anhang 1:
Das Buchungssatz-Paradies 143

Anhang 2:
Buchhalter-Kauderwelsch 164

Anhang 3:
Erste Hilfe für Buchhaltungs-Patienten 183

Stichwort-Verzeichnis 189

Wer das Vorwort nicht liest, ist selber schuld!

Liebe Leserin,
lieber Leser,

Jedes Jahr, wenn ich mit meiner Frau Nany zusammen den Jahresabschluß für ihre Firma durchführe, geraten wir uns in die Haare.
«Kannst du das nicht einfach als Aufwand verbuchen?» sagt sie.
«Nein», sage ich.
«Warum denn nicht?» gibt sie zurück.
«Weil es gegen die Regeln ist, darum!»
«Du hast dich doch noch nie um die Regeln gekümmert», lautet Nanys schlagfertige Antwort.

Sie haben es schon gemerkt. Meine Frau hat etwas gegen Regeln. Ich übrigens auch, und wir haben in unserem Leben auch schon einige davon gesprengt. Aber das können Sie in meinen anderen Büchern nachlesen.
In diesem Buch möchte ich Ihnen von Regeln berichten, die selbst ich einhalte. Erstens weil es gegenüber der Steuerbehörde gesünder ist, und zweitens weil ich dadurch immer haargenau weiß, wie ich finanziell stehe. Die Rede ist von den Regeln der Buchhaltung.

Buchhaltung – ein Kinderspiel!

Nicht jeder ist so offen und geradeheraus wie meine Frau. Ich habe während meiner Tätigkeit als Unternehmensberater zahlreiche Inhaberinnen und Inhaber von Kleinbetrieben kennengelernt, die mich während Monaten über ihre Ahnungslosigkeit im unklaren liessen und nur leicht erblaßten, wenn man die Wörter «Kapitalflußrechnung», «Ertragsüberschuß» oder «Bilanzsumme» in den Mund nahm.

Aber eben, wo soll man das alles lernen? Seit Jahren suche ich sämtliche Buchhandlungen nach einem Werk ab, das nicht schon auf der ersten Seite an trockene Schulbänke in der kaufmännischen Berufsschule erinnert. Bisher waren meine Bemühungen vergeblich. Da gibt es zwar ein paar rührige Handelslehrer, die sich vornehmen, ein Buch «in der Sprache des Otto-Normalverbrauchers» zu schreiben. Aber bereits auf Seite zwei stößt man auf ein Wort, das nirgendwo erklärt wird, weil der Handelslehrer es als selbstverständlich voraussetzt.

Hier sind meine drei Versprechen:

- Die Lektüre dieses Buches ist spannend und unterhaltsam von der ersten bis zur letzten Seite.

- Nach der Lektüre dieses Buches werden Sie die Grundlagen der Buchhaltung begreifen, egal ob Sie vorher schon eine Ahnung davon hatten oder nicht.

- Sie werden Buchhaltung nie wieder als trockene Materie bezeichnen. Es könnte sogar sein, daß Sie sich demnächst einen Job als Buchhalter suchen.

Wer das Vorwort nicht liest, ist selber schuld!

Und damit sind wir beim nächsten Punkt:

Für wen ist dieses Buch?

- Für alle Menschen in der Schweiz, in Deutschland und in Österreich, die eine Ahnung von Buchhaltung haben sollten und die eine Abneigung gegen trockene Lehrbücher haben.

- Für Klein-Unternehmerinnen und Klein-Unternehmer, die endlich wissen möchten, wohin ihr Geld fließt und warum ihr Banker immer so besorgt dreinschaut.

- Für kaufmännisch Verbildete, die ihre spärlichen Kenntnisse in Buchhaltung wieder auffrischen möchten und die sich nicht gerne an die trüben Buchhaltungs-Lektionen von anno dazumal erinnern.

- Für alle Menschen, die lieber ein gutes Buch lesen als sich die zweitausendsiebenhundertfünfundvierzigste Folge vom «Glupschaugen-Horst» (sprich: «Derrick») reinzuziehen.

Damit Sie keine falschen Erwartungen hegen, will ich Ihnen auch sagen, was ich *nicht* tun werde. Ich werde Ihnen nichts über länderspezifische Eigenheiten erzählen. Mit dem Thema Mehrwertsteuer verschone ich Sie ebenfalls. Und wenn ich von einer Firma spreche, meine ich immer eine Einzelfirma. Über Aktiengesellschaften, Kollektivgesellschaften (die aufgrund von Machtproblemen sowieso nach ein paar Jahren aufgelöst werden) und Gesellschaften mit beschränkter Hoffnung (GmbHs) gibt es genügend einschlägige Literatur.

Buchhaltung – ein Kinderspiel!

Dieses Buch soll in erster Linie Ihr *Verständnis* für den Nutzen der Buchhaltung fördern. Wenn Sie sich anschließend ein klassisches Buchhaltungs-Buch kaufen, um ein wenig zu üben, und wenn Sie Ihren Treuhänder oder Steuerberater zum Mittagessen einladen, um ihm ein paar gescheite Fragen zu stellen, dann gehören Sie zu meinen Lieblings-Lesern.

Übrigens... sieben Finanz-Experten haben das Buch auf Herz und Nieren geprüft. Sechs davon sind hell begeistert, einer findet es den größten Quatsch, vor allem weil ich den Derrick verhunzt habe. Ich hoffe, Sie können damit leben. Ich kann es.

Wollen wir's anpacken? Gut. Ob Sie's mir glauben oder nicht: In zehn Minuten sind Sie bereits kein Buchhaltungs-Anfänger mehr...

San Clemente/Kalifornien und
Bern/Schweiz, im April 1996

Hans-Peter Zimmermann

Übrigens... meine Frau hat das Buch auch gelesen. Seither besorgt sie ihre Buchhaltung selbst, und wenn wir streiten wollen, müssen wir andere Themen suchen.

Von der Milchbüchlein-Rechnung zur Buchhaltung

1

Die ersten 10 Minuten:
Von der Milchbüchlein-Rechnung zur Buchhaltung

Als ich noch klein war, spielten wir oft mit Murmeln. Davon gab es drei Größen: Die Kleinen, die Mittleren und die Großen, oder in der Fachsprache «Einer», «Zweier» und «Dreier». Murmeln konnte man auch tauschen. Ein Zweier war gleichviel wert wie zwei Einer. Es gab natürlich auch Ausnahmen: Besonders schöne Einer waren auch mal einen durchschnittlichen Zweier oder gar einen leicht angeschlagenen Dreier wert. Warum ich das alles schreibe? Ganz einfach, ich suche verzweifelt nach einem Einstieg. Klang doch schon ganz spannend, oder? Warten Sie's ab. Es kommt noch spannender...

Buchhaltung – ein Kinderspiel!

Als ich in die Erste Klasse kam, meinte mein Vater, es wäre für mich an der Zeit, etwas über Vermögensverwaltung zu lernen. Ich erhielt fortan jeden Monat den stolzen Betrag von einem Franken als Taschengeld. In der Zweiten Klasse sollten es dann zwei Franken werden, in der Dritten drei und so weiter. Über das Thema Teuerung wußte ich damals noch nichts, sonst hätte ich mich in der neunten Klasse sicher nicht mit neun lausigen «Fränkli» zufrieden gegeben.
Sie haben recht. Wir haben noch immer nicht angefangen. Jetzt kommt's gleich...

Meine Mutter, von Haus aus sparsam veranlagt, ermunterte mich zum Führen eines Kassenbuches. Ich solle immer wissen, wie ich finanziell dastehe. Das leuchtete selbst mir kleinem Knirps ein. Außerdem war das eine einmalige Chance, die Und-Rechnung (die wir später Addition nannten) und die Weniger-Rechnung (wie hieß die nur schon bei den Großen? Richtig: Subtraktion) an einem praktischen Beispiel zu üben.

So sah also mein erstes Kassenbuch aus:

12

Von der Milchbüchlein-Rechnung zur Buchhaltung

Kassenbuch			
DaTum	Bezeichnung	Einnahmen	Ausgaben
1.5.1965	Taschengeld	1.00	
2.5.1965	Kaugummi gekauʄT		0.20
3.5.1965	Murmeln gekauʄT		0.80
Saldo			0.00

Eines Tages fragte mich mein Freund Andreas, den ich Res nannte, ob ich mit ihm zum Kiosk käme, um Fünfermocken zu kaufen. Für den uneingeweihten Leser: Fünfermocken waren kleine Zuckerbrocken, die nur fünf Rappen kosteten. Ich warf einen Blick in mein Kassenbuch, und die Antwort war klar: «Keine Chance, ich bin pleite!»

Doch Res war der Sohn eines Kaufmanns und ließ sich nicht so schnell abschütteln. «Was?» meinte er, «du hast doch diese schönen Murmeln aus dem Möbelgeschäft deines Vaters! Die muß man doch zu Geld machen können!» Damit hatte er natürlich recht, und ich sah zum ersten Mal den Unterschied zwischen «pleite» und «leicht eingeschränkter Liquidität» ein. «Das Kassenbuch», dozierte Res großartig, «gibt nur Auskunft

Buchhaltung – ein Kinderspiel!

über deine Zahlungsbereitschaft, aber nicht über deine Vermögensverhältnisse.» Mann, konnte der reden! Und es kam noch schlimmer: Eine «Bilanz» wollte er mit mir zusammen aufstellen. Und so sah sie aus:

Bilanz per 3. Mai 1965

Bezeichnung	AkTiven	Passiven
Kasse	0.00	
Sparbuch	35.40	
Murmeln	0.80	
TransisTorradio	18.00	
Fahrrad	120.00	
Armbanduhr	25.00	
Spielzeuge	45.00	
SchallplaTTen	65.00	
Darlehen an SchwesTer	5.00	
GuThaben von MuTTer	2.00	
Darlehen von Bruder		10.00
EigenkapiTal		306.20
Bilanzsumme	316.20	316.20

Von der Milchbüchlein-Rechnung zur Buchhaltung

«Die linke Seite der Bilanz zeigt all deine Vermögenswerte und wie du dein Geld investiert hast», sagte Res, «man nennt sie auch Aktiven. Die rechte Seite zeigt an, wem du noch Geld schuldest oder wer dir Geld zur Verfügung gestellt hat. Man nennt sie Passiven, weil man froh ist, wenn die Gläubiger möglichst passiv bleiben und ihr Geld nicht zurückverlangen.» Damit hatte er natürlich über die Schnur gehauen, aber das mit den Aktiven und Passiven leuchtete ein. Das war ja wirklich ein Kinderspiel!

«Wie ist das denn», wollte ich wissen, «wenn man keine Schulden hat?»

«Dann», meinte Res, «steht in den Passiven nur das Eigenkapital. Denn es gehört eben alles dir.»

«Die Zeit der Milchbüchlein-Rechnung ist vorbei!» rief ich aus. «Es lebe die Buchhaltung!»

Buchhaltung – ein Kinderspiel!

2

Die zweiten 10 Minuten:
Was besitze ich alles? (Aktiven)

«Erzähl weiter, Res!» forderte ich meinen Freund auf, denn die Sache begann mir Spaß zu machen. Außerdem freute ich mich schon darauf, meine Mutter mit meinen kaufmännischen Kenntnissen zu beeindrucken.
Doch Res schaute auf seinen größten Aktivposten, nämlich eine «echt vergoldete» Armbanduhr, die er von seinem Großvater geerbt hatte, und meinte, er müsse nach Hause zum Abendessen. Aber am nächsten Tag würde er seinen Vater im Büro besuchen. Wenn ich wolle, könne ich mitkommen, und wir würden von seinem Vater noch ein paar Dinge zum Thema Aktiven erfahren.

Herr Fankhauser war ein freundlicher, älterer Mann. «Älter», das hieß für mich damals etwa um die Vierzig, also so alt wie

Was besitze ich alles? (Aktiven)

ich heute bin. Lassen Sie sich also von mir freundlichem, älterem Herrn erzählen, wie mir der Vater von Res das Umlauf- und das Anlagevermögen näherbrachte.

Übrigens war Herr Fankhauser ein sportlicher Mensch mit einer für damalige Verhältnisse sehr modernen Brille. Und er war alles andere als ein trockener Buchhalter. Ich habe auch später selten einen trockenen Buchhalter getroffen, höchstens mal einen besonders ängstlichen oder einen besonders frechen. Dies nur für den Fall, daß sich ein Buchhalter oder Steuerberater an diesem Buch vergreifen sollte. Ach ja, wenn ich Sie schon dran habe, lieber Steuerberater, schenken Sie doch dieses Buch Ihren Kunden. Sie werden sehen: Ihr Leben wird wesentlich einfacher, wenn Ihre Kunden die gleiche Sprache sprechen wie Sie.

«Die Aktiven, lieber Hans-Peter», so der liebe Herr Fankhauser, «kann man unterteilen in Anlagevermögen und Umlaufvermögen. Dein Fahrrad gehört beispielsweise zum Anlagevermögen.»

«Wieso denn das?» wollte ich wissen, während ich an meinem Himbeersirup nippte, den uns Herrn Fankhausers Sekretärin freundlicherweise zubereitet hatte.

«Zum Anlagevermögen gehört dasjenige Vermögen, das einer Firma während längerer Zeit zur Nutzung zur Verfügung steht.»

«Haha, Firma», lachte ich, «Firma Hans-Peter Zimmermann».

«Warum nicht?» entgegnete Herr Fankhauser. «Du wirst sicher einmal ein Unternehmer.»

«Nein, ich will Schauspieler oder Lehrer werden», antwortete ich im Brustton der Überzeugung, «die verdienen viel und arbeiten wenig.»

17

Buchhaltung – ein Kinderspiel!

«Schön», meinte Herr Fankhauser, «aber gerade Leute, die viel verdienen, sollten genau Bescheid wissen in Buchhaltung, sonst ist das Geld plötzlich weg und sie wissen nicht, wohin es verschwunden ist.»

«Was ist denn das Gegenteil von Anlagevermögen?» wollte ich wissen.
Herr Fankhauser wies seine Sekretärin an, für ihn einen Kaffee zu machen. Ich wunderte mich, warum er das nicht selber tun konnte. Ich jedenfalls hatte schon mit acht Jahren gelernt, wie man eine heiße Schokolade zubereitet.
«Paps hat eben Gescheiteres zu tun», erriet Res meine Gedanken, «seine Sekretärin ist da, um ihm zu dienen, wie einem König.»
«Komische Welt», dachte ich, «wenn ich einmal groß bin, werde *ich* meiner Sekretärin den Kaffee bringen und nicht umgekehrt.

«Das Gegenstück zum Anlagevermögen», fuhr König Fankhauser weiter, «ist das Umlaufvermögen. Das sind Vermögenswerte, die bereits aus Geld bestehen oder innerhalb eines Jahres zur Umwandlung in Geld bestimmt sind.»
«Dann gehören meine Murmeln also zum Umlaufvermögen?» Ich klaubte meine drei schönsten Stücke aus der Hosentasche.
«Richtig!» lobte Herr Fankhauser. «Und wenn ich dir jetzt für jeden Zweier je einen Franken gebe, dann bist du wieder ganz schön zahlungskräftig.»
«Sie meinen liquid, Herr Fankhauser», sagte ich stolz und ging nach einigem Zögern auf den Handel ein.
Mit einer großzügigen Geste übergab Herr Fankhauser die drei Edelzweier seinem Sohn: «Hier hast du etwas für dein Um-

Was besitze ich alles? (Aktiven)

laufvermögen, Res. Dafür gibt's diese Woche kein Taschengeld. Wenn du die Murmeln gut verkaufst, hast du Ende Monat genügend Geld beisammen für die Platte der Beach Boys, die du dir schon so lange gewünscht hast.»

«Aber wie soll ich denn diese Schenkung verbuchen?!» rief Res verzweifelt aus.

«Deine Sorgen möcht' ich haben!» sagte ich kopfschüttelnd, und damit war unsere Audienz beim Buchhaltungs-König für heute beendet.

Buchhaltung – ein Kinderspiel!

3

Die dritten 10 Minuten:
Wem schulde ich wieviel? (Passiven)

Am nächsten Tag traf ich Res auf dem Schulhof.
«Kommst du heute nachmittag mit in den Zirkus?» fragte er, «Der Eintritt kostet zwei Franken. Und jetzt bist du ja wieder liquid.»
«Nein», gab ich voller Stolz zurück, «ich habe investiert!»
«In was denn?» wollte Res wissen.
«In Kaugummi.»
«Und wieviel Kaugummi hast du noch?» fragte Res weiter.
«Den letzten habe ich gerade im Mund», antwortete ich kauend, und langsam begann es mir klarzuwerden, was ich da getan hatte.

Wem schulde ich wieviel? (Passiven)

«Du Doofling», kam mir Res zuvor, «das ist doch nicht investiert. Kaugummi ist Verbrauchsmaterial, sofern du ihn nicht weiterverkaufst. Und Verbrauchsmaterial ist ein Aufwandposten!»

«Den Doofling will ich überhört haben», entgegnete ich mit spielerischer Drohgebärde, «von einem Aufwand hast du mir noch nichts erzählt!»

«Das kommt auch erst im nächsten Kapitel», meinte Res. «Ich pumpe dir mal zwei Franken, die buchst Du unter Passiven als Fremdkapital, und dann nichts wie los in den Zirkus!»

«Zuerst muß ich meine Bilanz neu aufstellen», gab ich geschlagen zurück.

«Dann ermittle doch gleich noch deinen Eigenfinanzierungsgrad», rief Res mir nach. «Ich vermute nämlich, daß du heillos überschuldet bist.»

«Würde seine Exzellenz, der Herr Klugscheißer, sich bitte deutlicher ausdrücken?» gab ich beleidigt zur Antwort.

Jetzt wurde Res richtig sarkastisch. «Man nennt ihn den Schulden-Zimmi...», begann er zu singen. Es war kaum auszuhalten, denn Res mochte ja ein guter Buchhalter sein, aber ein Sänger würde er niemals werden.

«Darf ich bitte endlich erfahren, was ich unter einem Eigenfinanzierungs-Grat zu verstehen habe?» mahnte ich mit wachsender Ungeduld.

«*Grad*, mein Lieber, Grad heißt das Ding, auch wenn es manchmal wie eine Gratwanderung aussieht.»

«Res, ich sage dir jetzt zum letzten Mal», warnte ich, «komm' zur Sache!»

«Also gut», erklärte Res, «Wenn deine Aktiven zusammengezählt 100 Franken ausmachen, und du hast 40 Franken Schulden, dann ist das ein Eigenfinanzierungsgrad von 60 Prozent.»

Buchhaltung – ein Kinderspiel!

«Du meinst, weil 60 Franken von den 100 Franken mir gehören?»
«Richtig.»
«Dann wäre der *Fremd*finanzierungsgrad 40 Prozent?»
«Richtig.»
«Sehe ich das richtig, daß Fremdkapital und Eigenkapital eine Art Unter-Abteilungen der Passiven sind?»
«Richtig.»
«Dann nichts wie los in den Zirkus!» rief ich, und wir zogen vergnügt von dannen.

Wem schulde ich wieviel? (Passiven)

Bilanz per 4. Mai 1965

Bezeichnung	Aktiven	Passiven
Kasse	2.00	
Sparbuch	35.40	
Guthaben von Mutter	2.00	
Murmeln	0.80	
(Umlaufvermögen total	*40.20)*	
Transistorradio	18.00	
Fahrrad	120.00	
Armbanduhr	25.00	
Spielzeuge	45.00	
Schallplatten	65.00	
Darlehen an Schwester	5.00	
(Anlagevermögen total	*278.00)*	
Kurzfristiges Darlehen von Res		2.00
Langfristiges Darlehen von Bruder		10.00
(Fremdkapital total)		*12.00*
Eigenkapital (Aktiven minus Fremdkapital)		306.20
Bilanzsumme	318.20	318.20

So sah meine neue Bilanz nach der ersten Buchhaltungs-Lektion aus. Dabei wurde mir zum ersten Mal klar, was für ein reicher Mensch ich war.

Buchhaltung – ein Kinderspiel!

4

Die vierten 10 Minuten:
Erfolgsrechnung – wozu das?

Nach dem Zirkusbesuch wollte ich von Res wissen, wie ich die zwei Franken für den Eintritt zu verbuchen hatte: «Muß ich jetzt zwei Franken von meinem Eigenkapital abziehen, oder was?»
«Nein, da müßtest du ja jedes Mal eine neue Bilanz aufstellen», meinte Res.
Du eröffnest einfach Aufwand- und Ertragkonten. Nach einem Jahr zählst du den Aufwand und den Ertrag zusammen. Wenn du mehr Aufwand hattest als Ertrag, ist das ein Aufwandüberschuß.»
«Das wäre doch dasselbe wie ein Verlust, oder?» Langsam begann ich zu begreifen.

Erfolgsrechnung – wozu das?

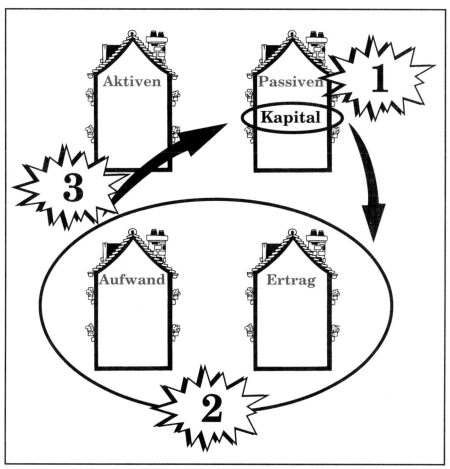

  Das Kapitalkonto (Eigenkapital oder Aktienkapital) bekommt zwei Unterklassen: Aufwand und Ertrag.

Aufwand- und Ertragskonten bilden zusammen die Erfolgsrechnung. Mehr Aufwand als Ertrag bedeutet Verlust, mehr Ertrag als Aufwand Gewinn.

Ein Gewinn wird Ende Jahr zum Kapitalkonto hinzugezählt. Ein Verlust wird vom Kapital abgezogen.

25

Buchhaltung – ein Kinderspiel!

«Richtig!» sagte Res. «Und wenn du mehr Ertrag hattest als Aufwand, dann gibt das einen Ertragsüberschuß.»

«Moment, nicht sagen», drängte ich, «das ist dann ein Gewinn?»

«Genau», bestätigte Res, «und der wird dann zum Eigenkapital dazugezählt, oder wenn es ein Verlust ist, eben vom Eigenkapital abgezählt.»

Dieser Res war ja sowas von gescheit!

«Hast du dir eigentlich schon einmal überlegt», fragte Res, «warum ein so kleiner Junge so gut über Buchhaltung Bescheid weiß?»

«Logo», sagte ich schnippisch, «weil du eine Erfindung von mir bist. Und wenn du dich nicht anständig benimmst, gibt es dich ab sofort nicht mehr!»

«Nein, bitte laß mich nicht sterben!» flehte Res mich an, und ich fühlte mich endlich einmal mächtiger als er.

Zufrieden ging ich nach Hause und machte sofort eine Liste meiner Aufwand- und Ertragposten.

Erfolgsrechnung – wozu das?

Aufwand

- Einkauf von Murmeln

- Einkauf von Kaugummi und sonsTigen Schleckereien

- KosTen für FahrradwarTung

ErTrag

- Erlös aus dem Verkauf von Murmeln

- Taschengeld von VaTer

- ErTrag aus DiensTleisTungen im HaushalT (MuTTer)

Meine Aufwand- und Ertrag-Konten damals. Heute sind es ein paar Konten mehr. Lesen Sie weiter im nächsten Kapitel...

Buchhaltung – ein Kinderspiel!

5

Die fünften 10 Minuten:
Wie machen's denn die Großen?

Am nächsten Tag waren wir wieder mit Herrn Fankhauser verabredet. Ich freute mich sehr darauf. Nicht nur wegen dem Himbeersirup, sondern vor allem auch, weil Herr Fankhauser versprochen hatte, uns seinen Kontenplan zu zeigen. Mann, war der lang! Und da standen Wörter drauf, die ich noch nie gehört hatte:

Kontenplan Fankhauser AG

Kontonummer	Bezeichnung
1	*AKTIVEN*
10	*Umlaufvermögen AG*
100	*Kasse*
1000	Kasse
1010	Post
102	*Banken*
1020	Bank 1
1021	Bank 2
1022	Bank 3
1040	Wertschriften
105	*Debitoren*
1050	Debitoren
1060	Nichteinbezahltes Aktienkapital
1061	Debitor Vorsteuer 6.5%
1063	Debitor Vorsteuer 2%
1065	Darlehen Aktionär 1
1066	Debitor Einfuhr MWSt 6.5%
1068	Debitor Verrechnungssteuer
1069	Übrige Forderungen
1070	Warenvorräte
1079	Privilegierte Warenreserve
1080	Angefangene Arbeiten
11	*Anlagevermögen*
110	*Liegenschaft*
1100	Beteiligungen
111	*Einrichtung*
1110	Büromöbel

Das ist der Kontenplan von Herrn Fankhauser. Die fett und kursiv gedruckten Konten sind als Überschriften gedacht. In diesen Konten können keine Buchungen vorgenommen werden. Kompliziert, finden Sie? Das fand ich damals auch. Dabei ist das noch nicht mal die Hälfte! Auf der nächsten Seite geht's weiter...

Buchhaltung – ein Kinderspiel!

Kontonummer	Bezeichnung
1111	Hardware
1150	Finanzdarlehen Aktionäre
1160	Übrige Finanzdarlehen
1200	Immobilien
1250	Inneneinrichtungen
1300	Technische Anlagen/Maschinen
1350	Werkzeuge
1400	Büromaschinen/EDV-Anlage
1450	Mobilien
1480	Fahrzeuge
1500	Gründungs-/Organisationsaufwand
1600	Konzessionen/Lizenzen
1610	Entwicklungskosten
1690	Goodwill
2	*PASSIVEN*
20	*Fremdkapital*
2000	Kreditoren
2001	Kreditoren g/Aktionären
2010	Andere kurzfristige Verbindlichkeiten
2011	Kreditor MWSt 6.5%
2013	Kreditor MWSt 2%
2020	Bank 1
2021	Bank 2
2090	Transitorische Passiven
21	*Eigenkapital*
210	*Kapital*
2100	Aktienkapital
3	*AUFWAND*
30	*Waren-/Fremdaufwand*
3000	Warenaufwand
3200	Materialaufwand
3400	Hilfsmaterialaufwand
3600	Einkaufsspesen

Wie machen's denn die Großen?

Kontonummer	Bezeichnung
3800	Fremdarbeiten
40	***Personalaufwand***
4000	Löhne und Gehälter
4050	Unfallversicherung
4070	AHV/ALV
4080	Pensionskasse
4090	Reisespesen
4099	ÜbrigerPersonalaufwand
41	***Raumaufwand***
4100	Mietzinsen
42	***Finanzaufwand***
4200	Kapitalzinsen und -spesen
43	***Unterhalt und Reparaturen***
4300	Unterhalt/Reparaturen auf Einrichtungen
4320	Fahrzeugaufwand
44	***Abschreibungen***
4400	Abschreibungen
45	***Versicherungen***
4500	Versicherungen auf Einrichtungen
4520	Haftpflichtversicherung
46	***Energie/ Betriebsstoffe***
4600	Strom
4610	Heizaufwand
4650	Betriebsstoffe
47	***Büro-/Verwaltungsaufwand***
4700	Büromaterial
4710	Porti
4720	Telefon
4730	Fachliteratur
4760	Rechts-/Beratungskosten
4790	Übrige Verwaltungsspesen
48	***Werbeaufwand***
4800	Inserate
4850	Repräsentationsspesen
4890	Übriger Werbeaufwand

Buchhaltung – ein Kinderspiel!

Kontonummer	Bezeichnung
49	**Übriger Betriebsaufwand**
4900	Übriger Betriebsaufwand
6	**BETRIEBSERTRAG**
60	**Handelswaren**
6000	Handelswarenverkauf
62	**Erlös aus Arbeiten**
6200	Erlös aus Arbeiten
66	**Erlösminderungen**
6600	Debitorenverluste
7	**BETRIEBSFREMDER ERFOLG**
70	**Liegenschaftsertrag**
7000	Liegenschaftsertrag
7040	Übriger betriebsfremder Ertrag
7050	Hypothekarzinsen
7060	Liegenschaftsaufwand
7090	Übriger betriebsfremder Aufwand
72	**Steuern**
7200	Steuern
75	**Außerordentlicher Erfolg**
7500	Außerordentlicher Ertrag
7550	Außerordentlicher Aufwand
	NEUTRALE KONTEN
0000	Eröffnungskonto
8888	Abschlußkonto

Na, habe ich zu viel versprochen? Sieht doch eindrücklich aus, so ein richtig ausgewachsener Kontenplan. Oder?
Wie bitte? Ihnen wird übel? Nur keine Panik! Schon bald werden Sie so etwas mit einem weisen, alten Buchhalter-Lächeln betrachten...

Wie machen's denn die Großen?

«Um Gottes willen, Herr Fankhauser», rief ich, «haben alle Unternehmer einen solch langen Kontenplan?»

«Nein», beruhigte mich Herr Fankhauser, «viele Klein-Unternehmer kommen mit 20 oder weniger Konten aus. Es ist einfach so: Je detaillierter der Kontenplan ist, desto mehr sagt er aus.»

«Wie meinen Sie das?» wollte ich weiter wissen.

«Nun», fuhr Herr Fankhauser weiter, «wenn du zum Beispiel «Telefon, Telefax und Autotelefon» in einem Konto zusammenfaßt, dann weißt du eben nicht, wieviel du davon am Telefon verschwatzt hast und wieviel Geld du mit Faxen verbraucht hast.»

«Im Faxenmachen ist er gut!» rief Res. Doch ich überhörte diese Anspielung.

«Herr Fankhauser!» sagte ich kopfschüttelnd. «Wir schreiben das Jahr 1965! Fax und Autotelefon gibt es doch noch gar nicht!»

«Da hast du recht», sagte Herr Fankhauser, «aber wenn du dieses Buch schreibst, wird es sie geben.»

Das leuchtete selbst mir ein.

«Aber all diese Wörter!» rief ich aus. «Wie soll man das je verstehen?»

«Kein Problem», sagte Herr Fankhauser, «ich habe meiner Sekretärin gesagt, sie solle euch eine Liste machen, wo alles erklärt ist. Geht mal nach Hause und schaut sie euch an. Morgen könnt ihr wiederkommen, und dann werde ich euch zeigen, wie man eine Buchung vornimmt.»

Res protestierte: «Papi, du kannst ihm doch nicht morgen schon mit Buchungssätzen kommen! Der weiß ja noch gar nicht, was Soll und Haben bedeutet!»

«Ich soll nicht wissen, was Soll und Haben ist?» gab ich etwas

Buchhaltung – ein Kinderspiel!

gereizt zurück. «Aber sicher weiß ich, was Soll und Haben ist: Wenn ich etwas *haben* will, dann *soll* ich es auch haben!»

«Siehst du, Papi?» sagte Res. «Ich habe dir gesagt, er hat keine Ahnung!»

«So, es wird nicht gestritten», mahnte Herr Fankhauser. «Ihr geht jetzt nach Hause und kommt morgen wieder. Und, Res, Mami hat angerufen, du sollst noch in der Milchhandlung vorbei und zwei Liter Milch mitbringen.»

«Was hat so ein Satz in einem Buch über Buchhaltung zu suchen?» rief ich empört aus.

«Mach' nicht so ein Geschrei», sagte Herr Fankhauser, «du kannst ihn ja streichen. Schließlich ist es dein Buch!»

Übrigens... Herrn Fankhausers Liste finden Sie hinten im Buch unter «Buchhalter-Kauderwelsch». Bitte schauen Sie jetzt noch nicht rein, sonst wird Ihnen nur übel.

Raus und rein, raus und rein... (Buchungssätze)

6

Die sechsten 10 Minuten:
Raus und rein, raus und rein... (Buchungssätze)

Auf den nächsten Besuch bei Herrn Fankhauser freute ich mich besonders, denn jetzt war endlich «Action» angesagt. Bis jetzt war ja alles nur Vorbereitung gewesen. Aber heute würde es ans tatsächliche Buchen von Geschäftsvorgängen gehen!

Bevor wir jedoch anfangen, möchte ich Ihnen noch einen Rat geben: Kaufen Sie sich so rasch als möglich ein Buchhaltungs-Programm für Ihren Computer und fangen Sie einfach mal

Buchhaltung – ein Kinderspiel!

an! Sobald Sie sich nämlich mit *konkreten* Problemen auseinandersetzen müssen, lernen Sie etwa zehnmal so schnell.
Vielleicht erinnern Sie sich noch an diese dämlichen Beispiele
aus dem Buchhaltungs-Unterricht. Sie klangen etwa so:
*Die Schweizer Firma Meier AG kauft in Deutschland Ware für
10'000 Franken. Davon schickt sie Ware im Wert von Fr. 2000.—
wegen Transportschäden zurück. Weitere Fr. 4000.— verrechnet sie mit einer Gegenlieferung. Irrtümlicherweise hat der Lieferant die deutsche Mehrwertsteuer aufgerechnet. Wie alt ist
Herrn Meiers Großmutter?*
Ich begreife nicht, weshalb die lieben Handelslehrer immer
mit den kompliziertesten Beispielen beginnen müssen. Dabei
sind 98 Prozent aller Buchungen stinkeinfach!
Sie glauben mir nicht? Wir werden ja sehen...

Herrn Fankhausers Sekretärin hatte schon mal vorgesorgt und
uns zwei Liter Himbeer-Sirup bereitgestellt. Und für den Chef
stand eine Thermosflasche mit frischem, dampfendem Kaffee
auf dem Schreibtisch.
«Also, Jungs», begann Herr Fankhauser, «den Kontenplan
kennt Ihr jetzt. Und Ihr wißt auch, daß wir vier verschiedene
Kontenarten kennen. Wie heißen die Konten der Bilanz, Res?»
«Aktiven und Passiven!» rief Res blitzschnell.
«Die Konten der Erfolgsrechnung, Hans-Peter?»
«Aufwand und Ertrag!» rief ich genau so schnell.
«Bravo!» lobte Herr Fankhauser. «Bevor wir nun anfangen mit
dem Buchen, müßt Ihr noch wissen, daß jedes Konto zwei Spal-
ten hat, eine linke und eine rechte.»
«Die linke heißt Soll und die rechte nennt man Haben», rief
Res. Er nervte mich wieder einmal mit seinem prahlerischen
Getue.

Raus und rein, raus und rein... (Buchungssätze)

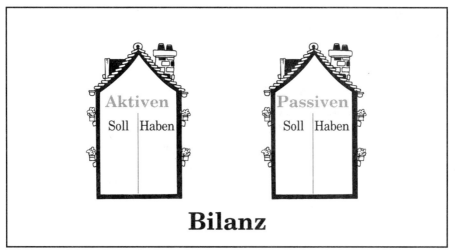

Die Aktiven und die Passiven ergeben zusammen die Bilanz. Die Bilanz ist immer eine Moment-Aufnahme, die uns zeigt, was eine Firma zu einem bestimmten Zeitpunkt besitzt und wem sie wieviel schuldet.

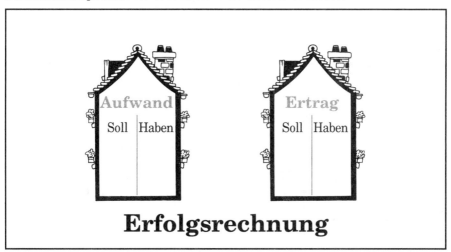

Die Aufwand- und Ertragskonten ergeben zusammen die Erfolgsrechnung. Sie zeigt uns, wieviel eine Firma während eines bestimmten Zeitraumes erarbeitet oder verloren hat.

Buchhaltung – ein Kinderspiel!

«Warum denn Soll und Haben?» fragte ich erstaunt.
«Es gibt eigentlich keinen Grund», gab Herr Fankhauser zur Antwort, «man könnte die beiden Spalten auch <Res> und <Hans-Peter> nennen.»
Doch Res protestierte: «Wenn schon <Hans-Peter> und <Res>. Ich habe keine Lust, im Soll zu stehen!»
«Das ist es ja gerade, mein Sohn!» sagte Herr Fankhauser, «die beiden Begriffe sagen nichts aus. Wenn du einen größeren Betrag in einem Aktiv-Konto ins Soll buchst, ist das nur positiv!»
«Jetzt laß' ihn endlich erklären!» herrschte ich meinen vorwitzigen Freund an, «ich will jetzt wissen, wie das geht.»

«Also», fing Herr Fankhauser aufs neue an, «wir müssen nicht wissen, warum es so heißt und wie es genau funktioniert. Der Witz bei der Sache ist, *daß* es funktioniert.
Ihr müßt nur ganze drei Regeln kennen:

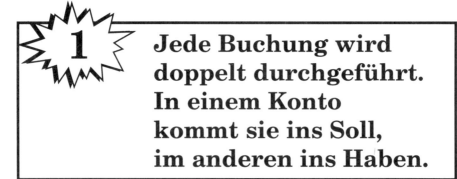

Auf meine Frage, ob denn das nicht etwas mühsam sei, meinte Herr Fankhauser: «Früher ja. Früher führte man ein Buchungs-Journal, in dem man jede Buchung der Reihe nach

Raus und rein, raus und rein... (Buchungssätze)

aufführte, und dann mußte jemand jede Buchung fein säuberlich in die einzelnen Kontenblätter übertragen.»
«Gell Papi, die einzelnen Kontenblätter nennt man auch das Hauptbuch?» Res war wieder einmal auf Punktefang bei seinem Papi.
«Richtig», sagte Herr Fankhauser. «Aber ich kann euch beruhigen. Heute macht der Computer alles in einem Arbeitsgang. Man bucht nur noch ins Journal und der Rest wird vom Computer besorgt.»

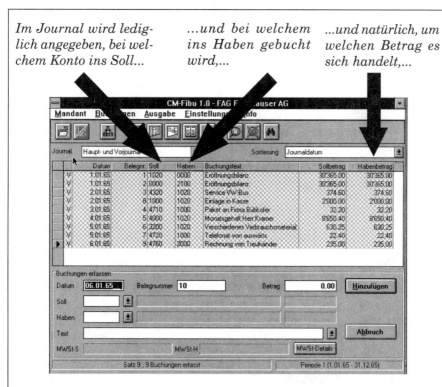

Im Journal wird lediglich angegeben, bei welchem Konto ins Soll...

...und bei welchem ins Haben gebucht wird,...

...und natürlich, um welchen Betrag es sich handelt,...

Alles Übrige besorgt der Computer. Auf der nächsten Seite finden Sie ein paar Beispiele, was Ihnen der Computer alles auf Knopfdruck liefert.

Buchhaltung – ein Kinderspiel!

Buchhaltung mit dem Computer ist kinderleicht. Sie buchen lediglich ins Journal, und der Computer liefert Ihnen auf Knopfdruck Bilanzen, Erfolgsrechnungen und Kontoauszüge.

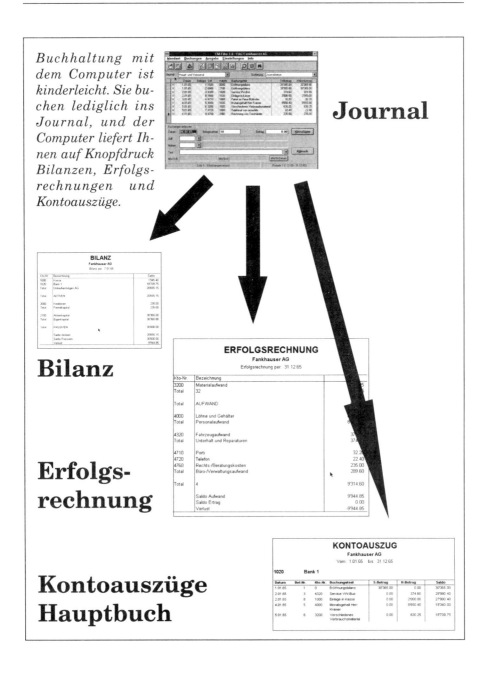

Journal

Bilanz

**Erfolgs-
rechnung**

**Kontoauszüge
Hauptbuch**

Raus und rein, raus und rein... (Buchungssätze)

«Herr Fankhauser», gab ich zu bedenken, «Sie sind sich bewußt, daß Sie noch keinen Computer haben können, oder? Es ist immer noch das Jahr 1965!»
Herr Fankhauser blieb geduldig: «Hans-Peter, kennst du den Film ‹Zurück in die Zukunft›?»
«Ich schon, aber Sie können ihn nicht kennen. Den gibt's nämlich noch gar nicht.»
«Ach ja?» meinte Herr Fankhauser schnippisch. «Woher weiß ich dann, daß du in dreißig Jahren ein ziemlich bekannter Buchautor und Management-Trainer bist und den größten Teil des Jahres in Kalifornien verbringst?»
«Wie? Was? Was für ein Trainer? Und in Kalifornien soll ich leben? Ich weiß ja nicht einmal, wo das ist!»
Jetzt war es Res, der uns bat, zur Sache zu kommen. Wir seien hier schließlich nicht in einem Hollywood-Märchen, sondern in einem knallharten Sachbuch. Recht hatte er.

Meine nächste Frage war sehr sachlich: «Wie weiß man denn, ob man etwas im Soll oder im Haben bucht?»
«Eben», sagte Herr Fankhauser, «jetzt kommt Regel Nummer zwei:

«Darf ich raten?» rief ich ungeduldig. «Dann wird eine Zunahme in einem Passiv-Konto im Haben gebucht?»

41

Buchhaltung – ein Kinderspiel!

«Richtig», lobte Herr Fankhauser. «Und jetzt gleich noch die dritte Regel:

 **Eine Zunahme in einem Aufwand-Konto wird im Soll gebucht.**

«Dann wird...»
«Ja, logo», unterbrach mich Res, «eine Zunahme in einem Ertragskonto wird ins Haben gebucht.»
«Ihr zwei scheint es voll kapiert zu haben», meinte Herr Fankhauser anerkennend. «Dann wollen wir einmal ein paar Beispiele durchexerzieren, denn Buchhaltung lernt man am ehesten, wenn man einfach damit anfängt. Aber zuerst brauche ich eine kleine Kaffeepause.»
Die gönnen wir ihm. Und Sie, liebe Leserin und lieber Leser, haben sicher auch eine verdient!
Moment! Bevor Sie gehen, hier ist noch ein Satz, den Sie sich merken sollten:

 **Der Klarheit halber wird bei einem Buchungssatz immer zuerst das Soll-Konto genannt.**

Raus und rein, raus und rein... (Buchungssätze)

Kaffeepause...

Buchhaltung – ein Kinderspiel!

Sind Sie fertig? Okay, fassen wir nochmals zusammen:

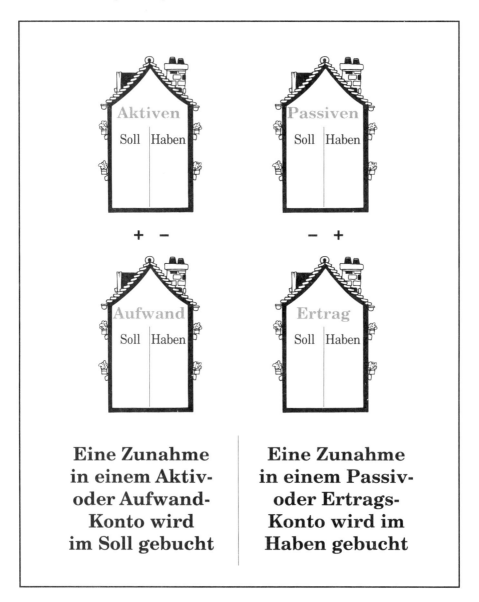

Raus und rein, raus und rein... (Buchungssätze)

«Ich habe hier mal meine Bilanz mitgebracht», sagte ich zu Herrn Fankhauser. «Können Sie mir zeigen, wie Sie das auf dem Computer verbuchen?»
Er konnte es. Und so sah das aus:

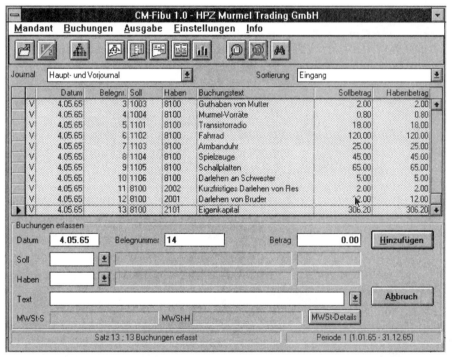

Herr Fankhauser tippte locker ein paar Buchungen ins Journal...

45

Buchhaltung – ein Kinderspiel!

Kto-Nr.	Bezeichnung	Saldo
1001	Kasse	4.00
1002	Sparbuch	35.40
1003	Guthaben von Mutter	2.00
1004	Murmel-Vorräte	0.80
Total	Umlaufvermögen	42.20
1101	Transistorradio	18.00
1102	Fahrrad	120.00
1103	Armbanduhr	25.00
1104	Spielzeuge	45.00
1105	Schallplatten	65.00
1106	Darlehen an Schwester	5.00
Total	Anlagevermögen	278.00
Total	1	320.20
2001	Darlehen von Bruder	12.00
2002	Kurzfristige Darlehen	2.00
Total	Fremdkapital	14.00
2101	Eigenkapital	306.20
Total	Eigenkapital	306.20
Total	2	320.20
	Saldo Aktiven	320.20
	Saldo Passiven	320.20
	Verlust	0.00

...und ein paar Minuten später hielt ich meine sauber ausgedruckte Computer-Bilanz in meinen kleinen Patschhändchen.

«Was ist denn das für ein Konto, dieses 8100?» fragte ich.
«Das ist eben das Konto <Eröffnungsbilanz>», erklärte Herr Fankhauser. Es ist ein sogenanntes Neutral-Konto, gehört also weder zu den Aktiven, noch zu den Passiven noch zu Aufwand oder Ertrag.»

Raus und rein, raus und rein... (Buchungssätze)

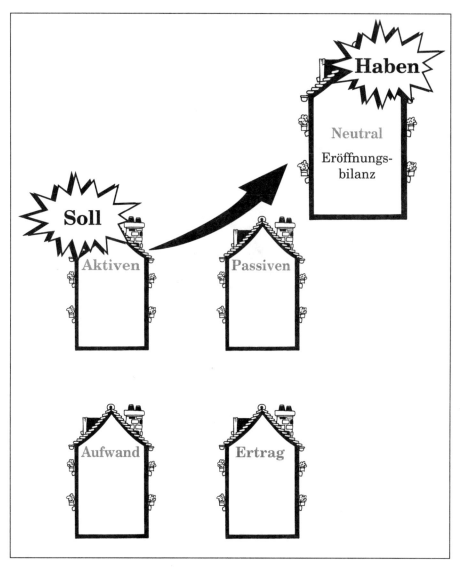

So wird am Anfang des Geschäftsjahres die Eröffnungsbilanz gebucht. Die Aktiven stehen im Soll...

Buchhaltung – ein Kinderspiel!

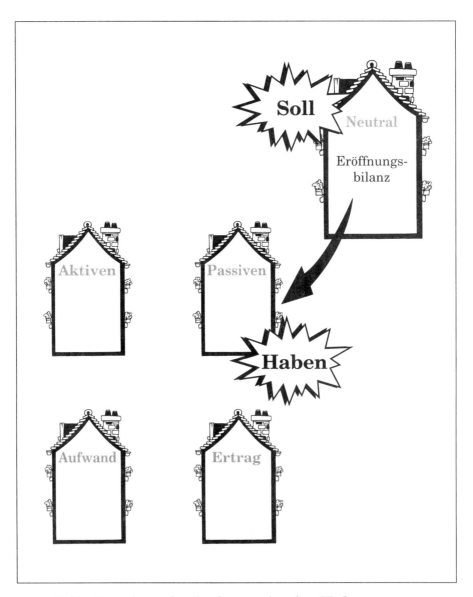

...und die Passiven logischerweise im Haben.

Raus und rein, raus und rein... (Buchungssätze)

«Und es steht auch wieder auf Null, nachdem wir die Bilanz eingegeben haben!» sagte ich.

«Logo», meinte Res, «die Aktiven geben ja zusammengezählt gleich viel wie die Passiven, und das eine bucht man im Soll und das andere im Haben. Dann muß die Eröffnungsbilanz am Schluß auf Null stehen.»

«Wenn ihr in der Schule einen 100-Meter-Lauf macht», Herr Fankhauser zeichnete einen geraden Strich auf seinen Notizblock, «dann geht ihr an den Start, lauft eure 100 Meter ab und kommt im Ziel an. Genau so ist es mit der Buchhaltung. Ihr habt eine Eröffnungsbilanz (Start), eine Erfolgsrechnung (100-Meter-Strecke) und eine Schlußbilanz (Ziel).»

Herr Fankhauser war wirklich en Weltmeister im Erklären! Nur etwas war mir noch nicht klar: «Woher weiß denn der Computer, ob etwas ein Aktiv-, ein Passiv-, ein Aufwand-, ein Ertrags- oder ein Neutralkonto ist?»

«Das sagt man ihm ganz am Anfang, wenn man den Kontenplan zusammenstellt», erklärte Herr Fankhauser, «die meisten Buchhaltungs-Programme haben übrigens Muster-Kontenpläne, die man übernehmen und für seine Bedürfnisse abändern kann.»

Jetzt war mir alles klar. Ihnen auch? Sonst lesen Sie diesen Abschnitt gleich nochmals. Oder trösten Sie sich damit, daß Sie das Buch ohnehin mindestens drei Mal lesen werden. Spätestens beim dritten Mal wird auch bei Ihnen der Groschen fallen.

Schauen Sie nochmals auf den letzten Satz vor der Kaffeepause: «Der Klarheit halber wird bei einem Buchungssatz immer zuerst das Soll-Konto genannt.» Ist Ihnen klar, was damit gemeint ist?

Buchhaltung – ein Kinderspiel!

Das ist ganz einfach. Sie fragen mich: «Wie muß ich das verbuchen, wenn die Firma Schweizer ihre Rechnung bezahlt?»
Ich sage: «<Bankkonto> an <Debitoren>.»
Damit ist Ihnen klar, daß die Buchung im <Bankkonto> im Soll steht, weil ich dieses Konto eben zuerst genannt habe.
Ist doch praktisch, oder?

«Okay, Jungs», Herr Fankhauser klang wie ein Schiffskapitän, «Eröffnungsbilanz ausgeglichen. Volle Kraft voraus!»
«Jawohl, Käpt'n!» Res legte salutierend seine Hand an die Schläfe.
«Erster Geschäftsvorgang: Wir kaufen Büromaterial ein und zahlen bar. Res, wie verbuchst du das?»
Res überlegte eine Weile: «Ehhhmmm, Moment mal. Also, Büromaterial, das ist ein Aufwand-Konto. Der Aufwand nimmt zu, dann kommt das ins Soll. Und zahlen tun wir's aus der Kasse. Also kommt es dort ins Haben.»
«Richtig!» lobte Herr Fankhauser. «Und es leuchtet auch ein, warum wir den Betrag im Konto <Kasse> ins Haben buchen, oder?»
«Ja», sagte ich voller Stolz, «<Kasse> ist ein Aktiv-Konto. Wenn ich etwas bezahle, nimmt die Kasse ab. Also kommt es ins Haben.»

Raus und rein, raus und rein... (Buchungssätze)

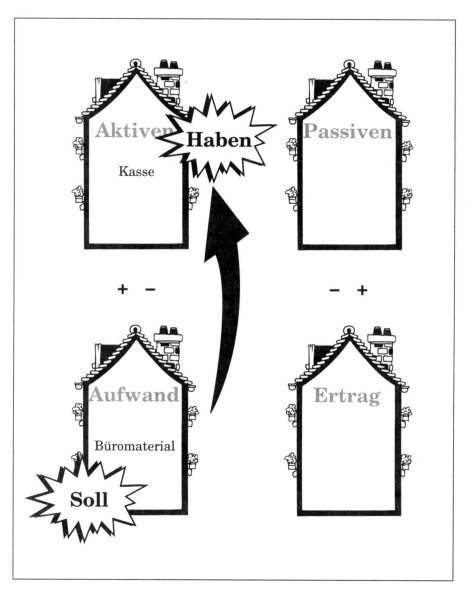

Wir kaufen Büromaterial, das wir bar bezahlen.

Buchhaltung – ein Kinderspiel!

Herr Fankhauser spielte Entzücken: «Ihr beiden seid ja richtige Finanzgenies! Mal sehen, ob Ihr die nächste Aufgabe lösen könnt: Wir schicken der Firma Röthlisberger eine Rechnung für Arbeiten, die wir für sie erledigt haben.»

«Die können wir doch erst buchen, wenn sie auch bezahlt ist?» meinte ich fragend.

«Theoretisch könnten wir das, ja», antwortete Herr Fankhauser, «aber wenn man ein paar Dutzend Rechnungen verschickt hat, dann möchte man doch wissen, wieviel man zugut hat. Daher bucht man das unter <Kundenguthaben>. Wie heißt das in der Fachsprache, Res?»

«Meinst du <Debitoren>?» fragte Res.

«Richtig, und wie lautet der Buchungssatz?»

«<Debitoren> an <Erlös aus Arbeiten>». Res war wieder einmal schneller als ich.

Raus und rein, raus und rein... (Buchungssätze)

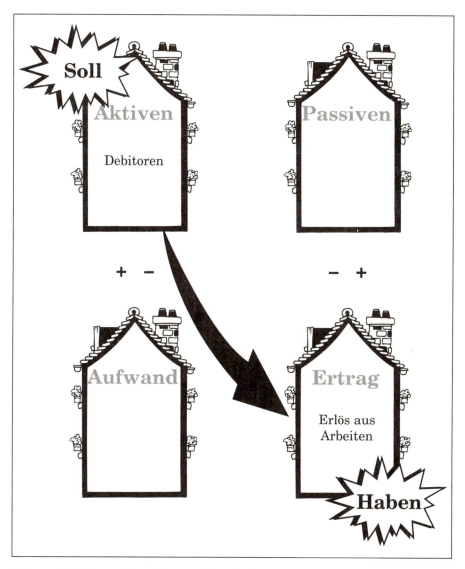

Wir schicken der Firma Röthlisberger eine Rechnung für Arbeiten, die wir für sie erledigt haben.

Buchhaltung – ein Kinderspiel!

«Richtig, wobei wir in einem Buchungssatz immer zuerst das Soll-Konto erwähnen, und nachher das Haben-Konto. Hast du das begriffen, Hans-Peter?» wandte sich Herr Fankhauser an mich.

«Ich glaube, ja. Die Debitoren sind ein Aktiv-Konto und nehmen zu. Also kommen sie ins Soll. Und das andere Konto kommt automatisch ins Haben.»

«Genau!» rief Herr Fankhauser erfreut. «Sagt selbst, ist Buchhaltung nicht ein Kinderspiel?»

«Wow, das ist es!» rief ich aus. «So nenne ich mein Buch: ‹Buchhaltung – ein Kinderspiel!›»

«Nicht schlecht», meinte Herr Fankhauser. «Wenn es ein Bestseller wird, vergiß bitte nicht, mich zu erwähnen.»

«Sie kommen doch schon die ganze Zeit drin vor!» gab ich zurück.

«Na, dann ist's ja gut», sagte Herr Fankhauser. «Wollen wir im nächsten Kapitel nochmals ein paar Buchungssätze durchspielen?»

«Gern», sagte ich, «aber jetzt muß ich dringend mal. Ich habe einen ganzen Liter Himbeer-Sirup in der Blase.»

«Nur zu», witzelte Herr Fankhauser. «Auch diese Geschäfte wollen erledigt sein.»

Vom Anfänger zum Champion (Noch mehr Buchungssätze)

7

Die siebten 10 Minuten:
Vom Anfänger zum Champion (noch mehr Buchungssätze)

«Das ist ja ein ganz neues Gefühl!» rief ich aus, als ich vom Klo zurückkam.
Herr Fankhauser sah mich fragend an: «Hat das jetzt etwas mit dem Geschäft zu tun, das du soeben verrichtet hast oder damit, daß du bald ein Buchhaltungs-Profi bist?»
«Mit beidem!» rief ich freudig.

«Gut», meinte Herr Fankhauser, «dann sagen Sie mir doch mal, Herr Champion, wie man das verbucht, wenn die Firma

Buchhaltung – ein Kinderspiel!

Röthlisberger ihre Rechnung bezahlt hat.»
Aha, Herr Fankhauser wollte mich austricksen! «Wohin ist das Geld geflossen?» fragte ich mit gespielter Routine nach. «In die Kasse, aufs Postcheck-Konto oder aufs Bankkonto? Wenn es aufs Bankkonto ging, dann lautet die Buchung <Bankkonto> an <Debitoren>».

Vom Anfänger zum Champion (Noch mehr Buchungssätze)

Die Firma Röthlisberger zahlt die offene Rechnung auf unser Bankkonto ein.

Buchhaltung – ein Kinderspiel!

«Das wäre richtig», schmunzelte Herr Fankhauser, «aber die Firma Röthlisberger hat etwas anderes getan. Sie hat uns vorgeschlagen, daß wir unsere Guthaben gegenseitig verrechnen.»
«Papi!» protestierte Res, «das ist nun wirklich zu schwierig für ihn!»
Ich schaute Res leicht von oben herab an und sagte mit gespielter Arroganz: «Das gemeine Volk möge bitte schweigen, wenn sich der Adel gescheit unterhält. Herr Fankhauser, ich würde einfach ein neues Aktiv-Konto schaffen mit dem Titel <Verrechnungskonto Röthlisberger> und dann den offenen Rechnungsbetrag folgendermaßen buchen: <Verrechnungskonto Röthlisberger> an <Debitoren>».
«Das ist ja großartig!» lobte Herr Fankhauser, und ich konnte Res ansehen, daß ihm das überhaupt nicht behagte. «Ich hätte nie gedacht, daß du das schaffst!»
«Ich auch nicht», murmelte Res. «Ich habe noch nicht einmal kapiert, was <Verrechnen> heißt.»
«Das ist doch ganz einfach!» ermunterte ich meinen Freund, der sich vermutlich gerade überlegte, ob er noch mein Freund sein wollte. «Angenommen, Herr Röthlisberger ist Büromaterial-Lieferant. Wenn wir ihm eine Rechnung über 300 Franken geschickt haben, die er verrechnen will, dann bezahlt er sie nicht, sondern liefert uns einfach für den gleichen Betrag Büromaterial.»
«Ach so», dämmerte es Res, «und damit ich nicht immer separat aufschreiben muß, wer jetzt wem wieviel schuldet, macht man einfach ein Verrechnungskonto?»

Vom Anfänger zum Champion (Noch mehr Buchungssätze)

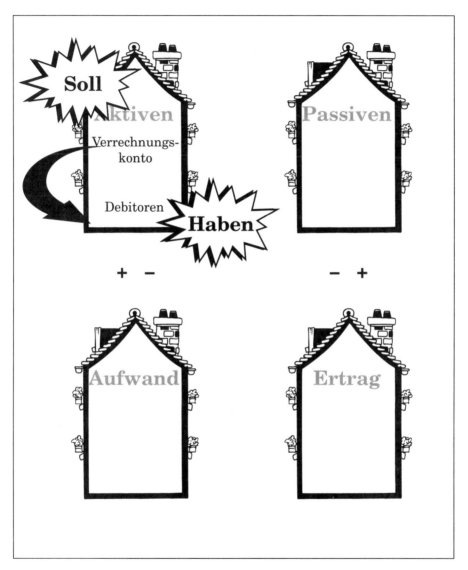

Die Firma Röthlisberger schlägt vor, daß wir ihre offene Rechnung mit Gegengeschäften verrechnen.

Buchhaltung – ein Kinderspiel!

«Richtig!» sagte Herr Fankhauser, sichtlich froh, daß auch sein Sohn es endlich geschnallt hatte. «Und das Gleiche funktioniert auch als Passiv-Konto. Wenn wir also bei der Firma Röthlisberger in der Kreide sind und diese Schuld verrechnen wollen, schaffen wir ein Passiv-Konto mit dem Titel <Verrechnungskonto Röthlisberger>».

«Alles klar, Chef!» sagte Res.

Vom Anfänger zum Champion (Noch mehr Buchungssätze)

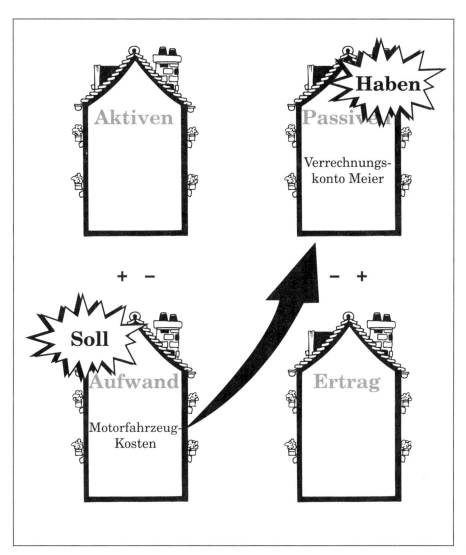

Wir haben von der Autowerkstatt Meier eine Rechnung für einen Auto-Service erhalten und schlagen vor, sie mit Gegengeschäften zu verrechnen.

Buchhaltung – ein Kinderspiel!

«Genügt das für heute?» fragte Herr Fankhauser, nachdem wir wieder an unserem Sirup genippt hatten. «Oder wollt ihr noch mehr wissen?»

«Mehr, mehr, mehr...» hämmerten wir mit unseren Fingern auf die Tischplatte.

«Papi, ich möchte vor allem wissen, wie man Löhne verbucht», sagte Res.

«Das ist doch Anfängerstoff, Res!» erwiderte ich.

«Ah ja?» Res blickte mich indigniert an. «Dann zeig' Er mir doch einmal, wie man das verbucht, wenn Papis Sekretärin ihr Gehalt bekommt!»

Das kostete mich ein müdes Lächeln: «<Löhne> an <Bankkonto>, ist doch logisch. <Löhne> ist ein Aufwand-Konto. Es nimmt zu, also kommt es ins Soll.»

Vom Anfänger zum Champion (Noch mehr Buchungssätze)

Herr Fankhauser überweist seiner Sekretärin ihr wohlverdientes Gehalt.

Buchhaltung – ein Kinderspiel!

Res gab sich noch nicht geschlagen. «Und wenn du dir für 1000 Franken eine neue Schreibmaschine kaufst, wie verbuchst du das, wie?»

«Auf Rechnung oder bar bezahlt?» wollte ich wissen.

«Auf Rechnung natürlich», gab Res entnervt zurück.

«<Büromaterial> an <Kreditoren>», lautete meine Antwort.

«Ha!» rief Res mit lauter Stimme, so daß ich vor Schreck fast vom Stuhl fiel. «Jetzt hab' ich dich erwischt, Zimpel! Du kannst doch ein so teures Gerät nicht einfach in einem Aufwand-Konto buchen! Das gehört zum Vermögen! Das mußt du aktivieren!»

«Mußt du aktivieren, mußt du aktivieren...», äffte ich ihn nach. «Dann sag' mir doch, wie man das macht! Und bitte nenn' mich nie wieder Zimpel!»

«Zimpel, Zimpel...» Res schien seine gegenwärtige Position sichtlich zu geniessen. «Du hast doch ein Aktiv-Konto <Maschinen, Mobilien, Geräte>, oder?»

«Ah, logisch!» fiel es mir ein. «Dann buche ich 1000 Franken von <Maschinen, Mobilien, Geräte> an <Kreditoren>. Und wenn ich die Schreibmaschine bezahlt habe, <Kreditoren> an <Bankkonto>. Alles klar!»

64

Vom Anfänger zum Champion (Noch mehr Buchungssätze)

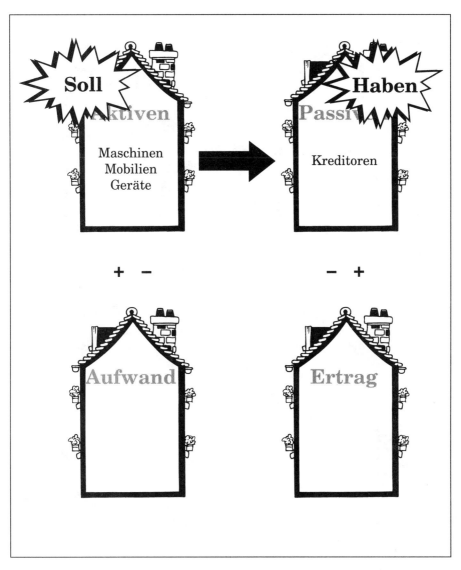

Wir kaufen eine neue Schreibmaschine und bekommen dafür eine Rechnung.

Buchhaltung – ein Kinderspiel!

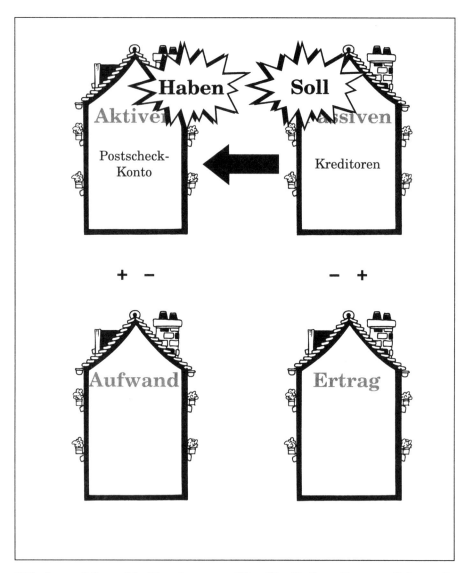

Wir bezahlen die Rechnung für die Schreibmaschine ab unserem Postscheck-Konto.

Vom Anfänger zum Champion (Noch mehr Buchungssätze)

Herr Fankhauser hatte uns eine Weile zugehört und mischte sich jetzt wieder ins Gespräch: «Jungs, wie lange bleiben denn diese 1000 Franken in diesem Aktiv-Konto? Nach fünf Jahren ist dieses Ding doch sicher viel weniger wert!»
«Du sprichst von den ‹Abschreibungen›, Papi, oder?» Res war wieder einmal einen Schritt weiter als ich.
Aber schließlich war es mein Buch, und so erklärte ich ihm klipp und klar, daß dies das Thema des nächsten Kapitels sei.

Buchhaltung – ein Kinderspiel!

8

Die achten 10 Minuten:
Der Jahresabschluß? No problem!

«Also Jungs», begann Herr Fankhauser, «dann wollen wir uns mal damit auseinandersetzen, wie man einen Jahresabschluß durchführt.»
«Zuerst kommen die Abschreibungen!» rief Res voreilig.
«Meinetwegen kannst du die an den Anfang nehmen», sagte Herr Fankhauser geduldig. «Wenn du es schon so eilig hast, dann sage mir doch, *wo* man überall Abschreibungen tätigt und *wieviel*.»

Der Jahresabschluß? No problem!

«Der erste Teil ist kinderleicht», prahlte Res. «Alle Aktivposten, die mit der Zeit an Wert verlieren, werden abgeschrieben. Um wieviel? Keine Ahnung!»

«Also, ich würde als erstes mein Fahrrad um einen Drittel abschreiben», warf ich ein. Den Wert habe ich mit 120 Franken eingesetzt. Ein Drittel davon sind 40 Franken. Die Buchung lautet: 40 Franken von <Abschreibungen> an <Fahrrad>. <Abschreibungen> ist ein Aufwand-Konto, das zunimmt, also kommt die Buchung ins Soll. Und <Fahrrad> ist ein Aktiv-Konto, das abnimmt, also kommt der Betrag dort ins Haben.»
«Hervorragend!» lobte Herr Fankhauser, und Res wurde wieder einmal verdächtig still.

69

Buchhaltung – ein Kinderspiel!

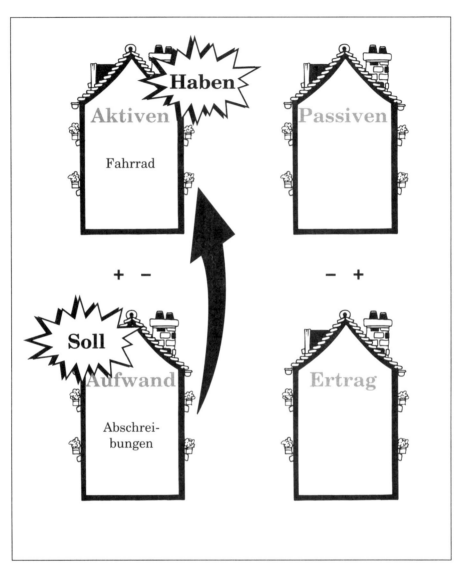

Ich buche Ende Jahr eine Abschreibung an meinem Fahrrad.

Der Jahresabschluß? No problem!

Herr Fankhauser tröstete ihn: «Mach' dir keine Sorgen, weil du nicht weißt, wie viele Prozent man abschreiben darf oder soll. Das ist von Land zu Land verschieden, und die Steuerbehörden lassen da in der Regel auch einigen Spielraum.»
«Du meinst, wenn ich ein schlechtes Geschäftsjahr hatte und bei der Bank nicht allzu schlimm dastehen will, dann schreibe ich weniger ab?» Res war wieder aufgetaut.
«Das ist genau richtig, mein Sohn», freute sich Herr Fankhauser. «Wobei natürlich jemand, der einigermaßen eine Bilanz lesen kann, anhand der Abschreibungs-Summe sofort sieht, was es geschlagen hat. Außerdem ist es gesetzlich verboten, einen Vermögensposten *über*zubewerten. Ich gebe euch hier ein paar Richtgrößen. Hans-Peter, sag' deinen Lesern, sie sollen sich bei ihren Treuhändern (oder Steuerberatern, wie sie in Deutschland heißen) über die gesetzlichen Limiten erkundigen.»
«Wird gemacht, Herr Fankhauser!» versprach ich ihm. Also, liebe Leserin und lieber Leser, bitte erkundigen Sie sich bei Ihrem Treuhänder über die gesetzlichen Limiten für Abschreibungen. Oder noch besser: Erledigen Sie den Jahresabschluß mit ihm zusammen. Denn erstens wollen wir ja nicht, daß die Treuhänder arbeitslos werden, und zweitens haben Sie als Unternehmer anderes zu tun als sich mit gesetzlichen Spitzfindigkeiten aufzuhalten.
Ach ja, Herr Fankhauser hat mir auch noch aufgetragen, Ihnen den Unterschied zwischen linearer und degressiver Abschreibung beizubringen. Aber wissen Sie was? Auch das kann Ihr Treuhänder wesentlich besser als ich!

Buchhaltung – ein Kinderspiel!

Abschreibungs-Sätze

(Ein paar Schweizer Richtgrößen für degressive Abschreibung)

Geschäftshäuser (nur Gebäude) 4%
Geschäftshäuser (Gebäude *und* Land) 3%

Mobiliar 25%

Maschinen 30%

Motorfahrzeuge 40%

Andere Transportmittel (z.B. Anhänger) 35%

Bauliche Einrichtungen
(z.B. Hochregallager) 15%

Installationen (z.B. Wasserleitungen
zu industriellen Zwecken) 20%

Büromaschinen, Computer
(Hard- und Software) 40%

Werkzeuge 45%

Patente, Lizenzen, Goodwill 40%

Über weitere Sätze sowie die örtlichen Details erkundigen Sie sich bitte bei Ihrem Steuerberater!

Der Jahresabschluß? No problem!

«Was die Abschreibungssätze für das Waren-und Materiallager angeht», dozierte Herr Fankhauser, «da habt ihr eine wunderbare Möglichkeit, sogenannte ‹Stille Reserven› zu bilden.»
«Stille Reserven? Was ist das nun wieder?» werden Sie jetzt verzweifelt ausrufen. Trösten Sie sich! Res und ich waren genauso unwissend.

«Einmal angenommen», erklärte Herr Fankhauser, «ihr schreibt ein Warenlager von einer halben Million vier Jahre hintereinander um je 25% ab, dann ist es auf dem Papier viel weniger wert als in Wirklichkeit. Der Minderwert kommt aber in der Buchhaltung nirgendwo mehr vor und man bezahlt dafür auch keine Vermögenssteuer mehr. Lediglich dem Banker drückt man Ende Jahr eine Liste der Stillen Reserven in die Hand.»
«Sehe ich das richtig, Herr Fankhauser», erkundigte ich mich, «die Bildung Stiller Reserven verschlechtert das betriebliche Ergebnis, und die Auflösung Stiller Reserven verbessert es?»
«Das ist völlig richtig», sagte Herr Fankhauser. «Ein Jahresabschluß ist eben immer eine Gratwanderung zwischen einer möglichst günstigen Steuerrechnung und einem betrieblichen Ergebnis, das den Banker erfreut. Deshalb, lieber Hans-Peter, sollte man den Abschluß immer von einem Spezialisten erledigen lassen.»
Herrn Fankhausers Wort in Gottes Ohr!

«Nach den Abschreibungen», fuhr Herr Fankhauser fort, «würde ich zuerst einmal sämtliche Debitoren und Kreditoren kontrollieren. Wenn ich unter Debitoren zum Beispiel einen Betrag von 25'700 Franken habe, dann kontrolliere ich, ob sämtliche offenen Rechnungen auch tatsächlich diesen Betrag er-

Buchhaltung – ein Kinderspiel!

geben. Das ist eine häufige Fehlerquelle, die fatale Folgen haben kann, wenn man sie nicht beseitigt.»

«Und die Privat-Anteile?» fragte Res. «Wann kommen die?»
«Wir können jetzt darüber sprechen, wenn Ihr wollt», gab Herr Fankhauser zur Antwort, «Privat-Ausgaben kommen sowieso nur bei Einzelfirmen vor.»
«Was ist denn das, Privatanteile?» wollte ich wissen.
«Das ist ganz einfach», meinte Herr Fankhauser, «als Firmeninhaber besitzt du vermutlich ein Auto, das du sowohl fürs Geschäft wie auch für private Fahrten verwendest.»
Das leuchtete mir ein.
«Du hast nun zwei Möglichkeiten», fuhr Herr Fankhauser fort.
«Entweder verbuchst du den gesamten Fahrzeug-Aufwand während des ganzen Jahres unter <Privatverbrauch> und buchst beim Abschluß die entsprechenden Geschäftsanteile...»
«Oder», unterbrach ihn Res, «du verbuchst alles als Geschäftsaufwand und buchst Ende Jahr die entsprechenden Privat-Anteile zurück.»
«Richtig, Res», lobte Herr Fankhauser, «und wie würden dann die Buchungssätze lauten?»
«Darf ich es sagen?» bettelte ich.
«Selbstverständlich!» sagte Herr Fankhauser.
«Angenommen, ich habe Motorfahrzeugkosten von 3000 Franken und schätze meinen Privatanteil auf 20 Prozent, dann würde ich 600 Franken von <Privatverbrauch> an <Motorfahrzeugkosten> buchen.»
«Richtig», sagte Res, «und die gleichen 20 Prozent mußt du an die Konten <Fahrzeug-Steuern>, <Fahrzeug-Leasing> und <Fahrzeug-Abschreibungen> zurückbuchen.»
«Und wenn ich mein Büro zu Hause habe, dann muß ich auch

74

Der Jahresabschluß? No problem!

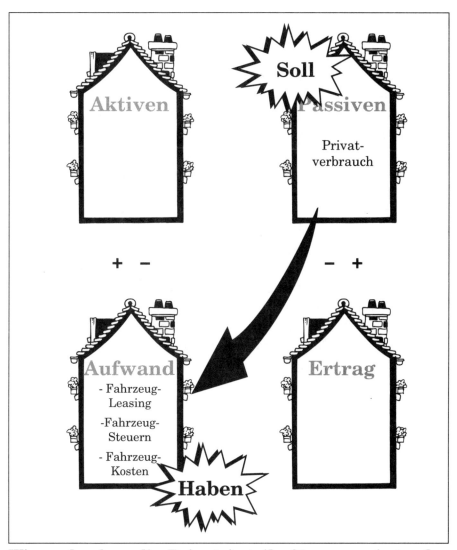

Wir verbuchen die Privat-Anteile für unser Auto, das heißt diejenigen Anteile, wo wir das Auto für private Zwecke benutzt haben.

Buchhaltung – ein Kinderspiel!

Privatanteile für die Heizung, den Strom, das Wasser und den Mietzins buchen», fügte ich hinzu.

«He Jungs, Moment mal!» Herr Fankhauser tat so, als ränge er nach Luft. «Wenn ihr so weitermacht, stelle ich euch als Buchhalter ein!»

«Jederzeit!» gab ich übermütig zurück, «das gefällt mir auf jeden Fall besser als diese langweilige Scheiß-Schule.»

«Hans-Peter, das letzte Wort wird aus dem Protokoll gestrichen, das soll ein jugendfreies Buch sein!» sagte Herr Fankhauser mit strengem Blick. Und ich hätte es auch tatsächlich gestrichen, wenn nicht Res lauthals protestiert hätte: «Wenn du diesen Satz streichst, dann stelle ich dir meinen Papi nicht mehr zur Verfügung!»

Was sollte ich machen? Res hatte mich völlig in der Hand. Schließlich war ich auf Herrn Fankhausers Hilfe angewiesen. Daher meine Entschuldigung an alle Lehrer, die sich am Wort «Scheiß-Schule» gestoßen haben: Dieser Ausdruck entspricht nicht meiner heutigen Meinung. Meine heutige Meinung würde den friedlichen Rahmen dieses Buches sprengen...

Der Jahresabschluß? No problem!

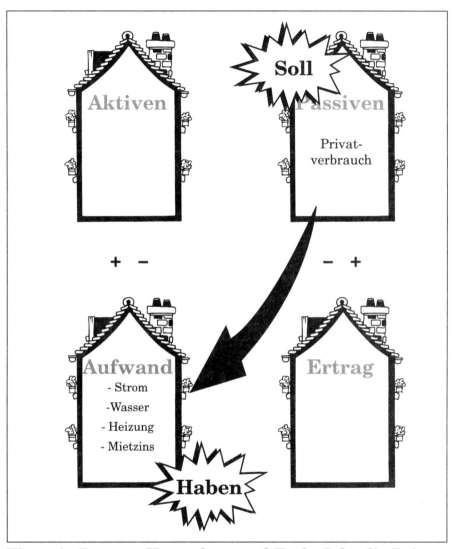

Wer sein Büro zu Hause hat, muß Ende Jahr die Privat-Anteile für Strom, Wasser, Heizung und Mietzins zurückbuchen.

Buchhaltung – ein Kinderspiel!

Uuups, jetzt sind Herr Fankhauser und Res mir davongelaufen. Ich will mal sehen, ob ich sie wiederfinde. Machen Sie doch mal eine wohlverdiente Pause!

Der Jahresabschluß? No problem!

Kaffeepause...

Buchhaltung – ein Kinderspiel!

Alles klar, da sind sie wieder. Lassen wir doch Herrn Fankhauser noch ein wenig über den Jahresabschluß referieren. Passen Sie gut auf!

«Jungs, als nächstes wollen wir die Kontenabschlüsse sämtlicher Banken mit denen unserer Buchhaltung vergleichen.»
«Sie meinen, wir wollen sicher sein, daß die Bank und wir den gleichen Endbestand haben», warf ich ein.
«Richtig», sagte Herr Fankhauser.
«Aber das ist doch völlig logisch!» meldete sich Res zu Wort.
«Ob logisch oder nicht», erwiderte Herr Fankhauser, «es muß einfach getan werden. Also schwatz' mir nicht immer drein!»
«Ja, schwatz' ihm nicht immer drein», hakte ich nach, «du verwirrst ja nur meine Leser.»
«Ach was!» widersprach Res, «du bist ja noch so froh, wenn das Buch etwas länger wird, dann kannst du es teurer verkaufen!»
Dieses Argument war mir zu blöd, um darauf einzugehen. Und auch Sie, liebe Leserin und lieber Leser, sollten es ganz einfach ignorieren.

«Können wir weitermachen, meine Herren?» erkundigte sich Herr Fankhauser,
«Das nächste wäre nämlich der Kassensturz.»
«Kassensturz?» rief ich entgeistert. «Diese dämliche Konsumenten-Sendung im Schweizer Fernsehen? Was hat die denn mit unserem Jahresabschluß zu tun?»
«Nichts», rief Res zurück, «außer daß du bald einmal genau so glatzköpfig dastehst wie der Kassensturz-Moderator, wenn du nicht ruhig bist!»
«Jungs, jetzt hört endlich auf zu streiten», mahnte Herr Fankhauser sichtlich entnervt, «der Kassensturz im Fernsehen heißt

Der Jahresabschluß? No problem!

doch nur deswegen so, weil sich die Moderatoren auf sämtliche Kassen stürzen, die sie finden können, und weil volle Kassen für sie von vornherein suspekt sind. Der Kassensturz im buchhalterischen Sinne ist etwas ganz anderes. Man schaut einfach nach, ob in der Kasse oder im Portemonnaie oder im Sparschwein tatsächlich so viel ist wie es die Buchhaltung angibt.»

«Und wenn das nicht der Fall ist?» wollte ich wissen.

«Dann nimmt man an, man hat es privat ausgegeben und bucht den Fehlbetrag von <Privatverbrauch> an <Kasse>.»

«Und das nennt sich Kassensturz?» fragte ich sicherheitshalber nach.

«Jawohl, das nennt sich Kassensturz», bestätigte Herr Fankhauser.

Buchhaltung – ein Kinderspiel!

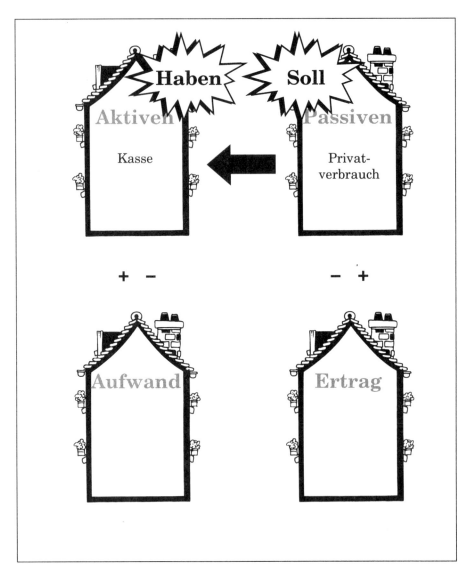

Nach dem Kassensturz wird der Fehlbetrag als Privatverbrauch gebucht.

Der Jahresabschluß? No problem!

«Und was kommt als Nächstes?» wollte Res wissen.
«Als Nächstes», fuhr Herr Fankhauser fort, «würde ich ein Inventar aller Waren- und Materialvorräte vornehmen.»
«Und wozu das?» fragte ich nach.
«Ist doch logisch!» meinte Res. «Stell' dir vor, du hast im Lauf des Jahres Waren eingekauft für, sagen wir, eine halbe Million Franken. Verkauft hast du davon aber nur für 300'000 Franken. Die 200'000 Franken sind ein Teil deines Vermögens.»
«Ach so», dämmerte es mir, «dann buche ich also <Warenvorräte> an <Einkauf Waren>?»

Buchhaltung – ein Kinderspiel!

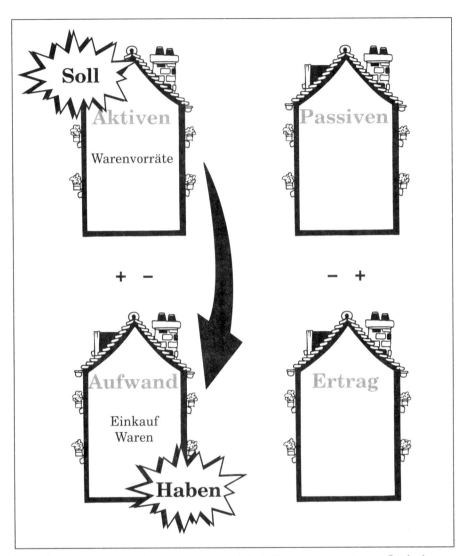

Nach dem Inventar werden die Warenvorräte aktiviert. Dadurch vermindert sich natürlich der Aufwand-Posten <Einkauf Waren>.

Der Jahresabschluß? No problem!

«Genau!» lobte Herr Fankhauser. «Und die Warenvorräte läßt man dann so stehen bis zum nächsten Abschluß. Es sei denn, sie verändern sich so sehr, daß eine Korrektur dringend notwendig ist.»

«Du meinst», fragte Res, «wenn ich mein ganzes Warenlager verkauft habe, macht es wenig Sinn, es noch als Aktivposten zu führen?»

«Richtig», bestätigte Herr Fankhauser, «dann buche ich wieder zurück von <Einkauf Waren> an <Warenvorräte>.»

«Alles klar!» rief ich. «Dieser Jahresabschluß ist ja gar nicht so schwierig, wie ich mir das vorgestellt habe!»

Buchhaltung – ein Kinderspiel!

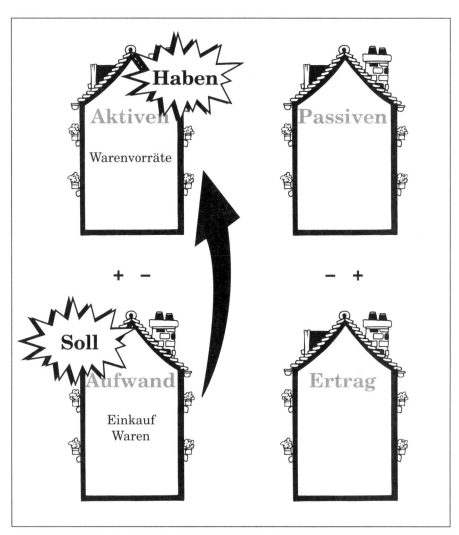

Das Aktiv-Konto <Warenvorräte> bleibt in der Regel bis zum Abschluß unverändert. Wenn die Vorräte jedoch zu stark abgenommen haben, bucht man sie zurück an das entsprechende Aufwand-Konto.

Der Jahresabschluß? No problem!

«Paßt mal auf, Jungs», sagte Herr Fankhauser, «wir sind schon fast am Ende. «Jetzt kommen noch die Transitoren.»
«Da kenne ich mich aus!» rief ich vorwitzig. «Meine Eltern haben mir nämlich zu Weihnachten ein Transistor-Radio geschenkt!»
«Ich wußte ja, daß du ein Depp bist», foppte mich Res, «aber daß du ein solcher Depp bist, das hätte selbst ich nicht geglaubt.»
«Res, sei anständig mit Hans-Peter!» mahnte Herr Fankhauser, «schließlich sprichst du mit einem zukünftigen Buchautor!»
Noch ehe ich auf die freche Bemerkung meines (Ex-)Freundes reagieren konnte, fuhr Herr Fankhauser fort: «Es gibt ein Konto ‹Transitorische Aktiven› und ein Konto ‹Transitorische Passiven›. Und, Hans-Peter, schau' genau hin, da fehlt ein s. Es heißt also nicht Transistor wie beim Radio.»
«Und was bedeuten diese komischen Wörter?» wollte ich wissen.
«Das ist ganz einfach», antwortete Herr Fankhauser, «stell' dir vor, du bemerkst Ende Jahr, daß du ja bereits den Mietzins für den Januar des nächsten Jahres bezahlt hast...»
«Uuups», warf ich ein, «das würde mir ja den Gewinn für dieses Jahr verkleinern!»
«Richtig!» bestätigte Herr Fankhauser. «Aber einfach weglassen kannst du die Buchung auch nicht, sonst stimmt der Banksaldo in der Buchhaltung am Schluß nicht mit demjenigen der Bank überein.»
«Papi, haben wir eigentlich schon erklärt, was Saldo heißt?» mischte sich Res ein.
«Ich bin nicht ganz sicher, Res», gab Herr Fankhauser zur Antwort, «was heißt es denn?»
«Ich glaube», sinnierte Res, «Saldo kommt aus dem Italieni-

87

Buchhaltung – ein Kinderspiel!

schen und heißt ‹Ausgleich›. Es ist der momentane Stand eines Buchhaltungs-Kontos. Wenn ich 1000 Franken in die Kasse gelegt habe und ich nehme 800 heraus, dann weist die Kasse einen Soll-Saldo von 200 Franken auf.»

«Das hast du aber sehr schön gesagt, mein Sohn», versuchte ich Res zu foppen.

Doch bevor dieser reagieren konnte, fuhr Herr Fankhauser weiter. Er schien es eilig zu haben mit seinem Jahresabschluß: «Du buchst also deinen Mietzins ganz normal von <Mietzinse> an <Bankkonto>, und Ende Jahr führst du eine Transitbuchung durch. Res, kannst du uns sagen, wie der Buchungssatz lautet?»

«Ähmmm, ja.» Res mußte eine Weile nachdenken. «<Transit Aktiven> an <Mietzinse>.»

«Bravo!» rief Herr Fankhauser. «Und, Hans-Peter, kannst du erklären, warum das sinnvoll ist?»

«Ja», sagte ich, «wenn der Mietzins im Haben gebucht wird, nimmt das Mietzinskonto ab, und das wollen wir ja. Das heißt, wir wollen im Aufwand nur 12 Mietzinse pro Jahr und nicht 13 aufgeführt haben. Dafür haben wir den Mietzins für den Januar des nächsten Jahres als Vermögensposten in den <Transitorischen Aktiven>. He, das ist ja wirklich praktisch, so ein Transitkonto!»

88

Der Jahresabschluß? No problem!

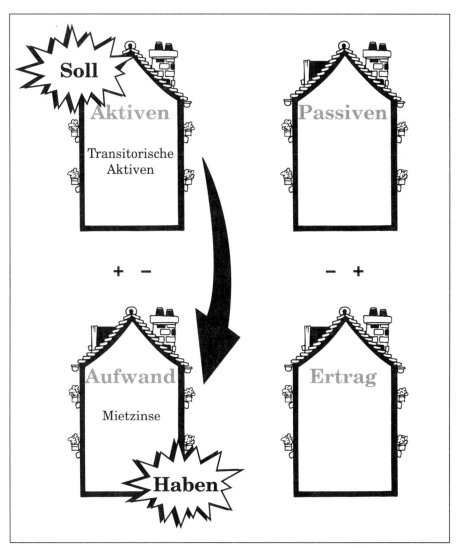

Ich habe einen Mietzins, der erst im nächsten Jahr fällig wäre, bereits in diesem Jahr bezahlt. Damit die Rechnung stimmt, werden Transitkonten zu Hilfe genommen.

89

Buchhaltung – ein Kinderspiel!

«Tja, wir Buchhalter sind eben praktische Menschen!» brüstete sich Herr Fankhauser. «Aber kann mir einer von euch sagen, was man am Anfang des nächsten Jahres mit diesen Transitbuchungen macht?»

«Zurückbuchen!» riefen Res und ich wie aus der Kanone geschossen.

«Richtig!» lobte Herr Fankhauser einmal mehr. «Wir buchen <Mietzinse> an <Transit Aktiven>. Dann ist der Aufwand wieder dort, wo er sein soll, und das Transitkonto ist auf null, wie es sich für ein Transitkonto gehört.

Der Jahresabschluß? No problem!

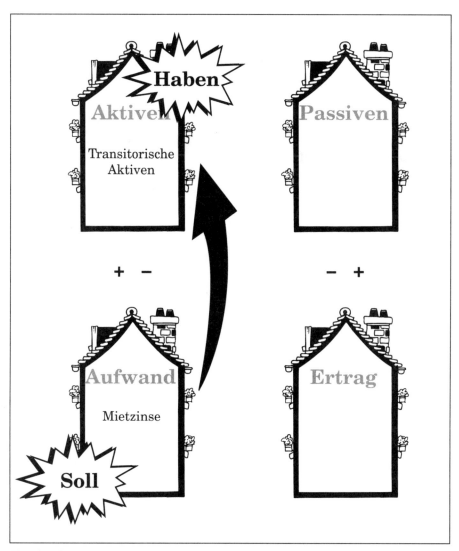

Zu Anfang des nächsten Jahres werden die Transit-Buchungen wieder rückgängig gemacht, das heißt, sie stehen nachher wieder auf null.

Buchhaltung – ein Kinderspiel!

«Wozu ist dann das Konto <Transit Passiven> da?» fragte ich.
«Ist doch logisch», sagte Res, «wenn du zum Beispiel die Stromrechnung vom Dezember noch nicht bekommen hast, willst du
doch diesen Betrag dennoch in der Buchhaltung des alten Jahres haben, oder?»
«Ach so!» Langsam begann ich zu begreifen. «Dann buche ich
<Strom> an <Transit Passiven>, logisch! Das ist ja wirklich
ein Super-System, diese doppelte Buchführung!»

Der Jahresabschluß? No problem!

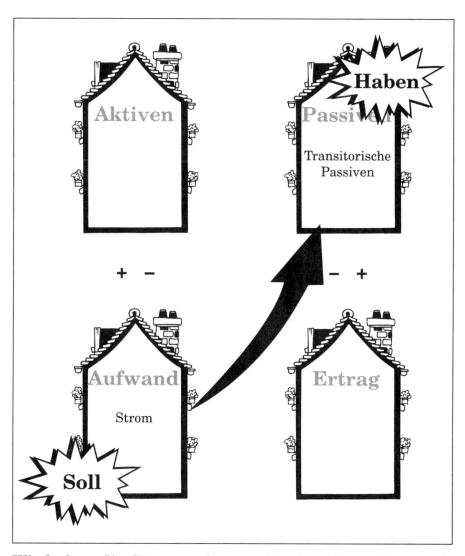

Wir haben die Stromrechnung für den Dezember noch nicht erhalten. Damit der Aufwand noch im alten Jahr erscheint, nehmen wir ein Transitkonto zu Hilfe.

Buchhaltung – ein Kinderspiel!

«Ja, irgend einen Grund wird es schon haben, daß jemand das erfunden hat», warf Herr Fankhauser ein. «Seid ihr bereit für den letzten Schritt, Jungs?»

«Was, ist das schon alles?» rief ich ungläubig.

«Nun, ich würde sagen, für eine Einzelfirma genügt das», sagte Herr Fankhauser. «Wenn du einmal eine Aktiengesellschaft hast, dann verlangst du bei deinem Steuerberater eine Checkliste. Oder noch besser: du führst den Jahresabschluß mit ihm zusammen durch.»

«Alles klar», sagte ich. «Wie geht es weiter?»

«Mach' mal eine neue Überschrift!» schlug Herr Fankhauser vor. «Deine Leser sind sicher schon todmüde.»

«Wird gemacht, Boß!» antwortete ich bereitwillig. «Aber zuerst liefere ich denen noch eine Checkliste für den Jahresabschluß.»

Der Jahresabschluß? No problem!

Checkliste für den Jahresabschluß (Einzelfirmen)

❏ **Banksaldi kontrollieren**

❏ **Debitoren und Kreditoren kontrollieren**

❏ **Transit-Buchungen**

❏ **Abschreibungen buchen**

❏ **Privat-Anteile buchen**

❏ **Kassensturz**

❏ **Waren- und Materialvorräte buchen**

Für die steuerliche Optimierung ist es von Vorteil, wenn Sie den Jahresabschluß zusammen mit Ihrem Treuhänder oder Steuerberater durchführen.
Andernfalls informieren Sie sich bitte über die gesetzlichen Vorschriften Ihres Kantons oder Bundeslandes.
Für größere Gesellschaften (insbesondere Aktiengesellschaften) verlangen Sie die ausführliche «Checkliste zur Abschlußerstellung» beim Verlag ORGANISATOR AG. Die Adresse finden Sie hinten im Buch.

Buchhaltung – ein Kinderspiel!

9

Die neunten 10 Minuten:
Und alles beginnt von vorn... (Schluß-bilanz und neue Eröffnungsbilanz)

Ich will doch sehr hoffen, daß Sie sich zwischendurch eine kleine Belohnung gegönnt haben. Denken Sie daran: Die Buchhaltung ist für Sie da und nicht umgekehrt!

Sind Sie wieder bereit für Herrn Fankhausers Weisheiten? Okay, Herr Fankhauser, Sie haben das Wort:
«Bei einer Einzelfirma wird jetzt der Privatverbrauch vom Eigenkapital abgezogen», denn das Eigenkapital vermindert sich ja durch den Betrag, den der Firmeninhaber für Privates ausgegeben hat.»

Und alles beginnt von vorn...

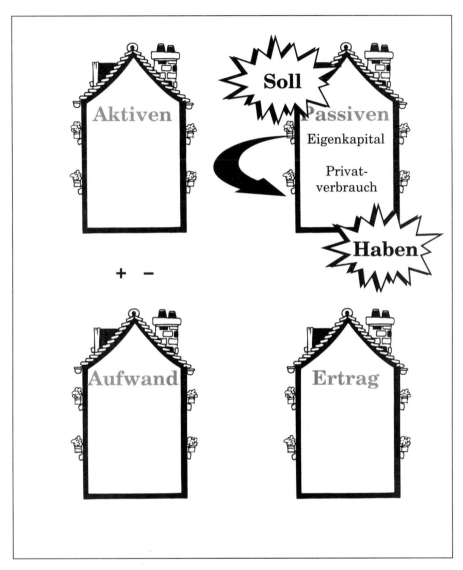

Der Privatverbrauch wird beim Jahresabschluß vom Eigenkapital abgezogen.

Buchhaltung – ein Kinderspiel!

Ich begriff nicht ganz, warum man den Privatverbrauch nicht laufend vom Kapital abzieht.

«Weil man eben immer wissen will, wieviel man privat schon verbraucht hat, darum», erklärte Herr Fankhauser. «Schau, Hans-Peter, theoretisch bräuchtest du nur *ein* Aktiv-, *ein* Passiv-, *ein* Aufwand- und *ein* Ertragskonto, um eine Buchhaltung zu führen. Aber erstens möchtest du selbst wissen, wohin das Geld genau fließt, und zweitens, wer möchte es sonst noch wissen?»

«Die Steuerbehörde», rief Res, «ich werde nämlich einmal Steuerbeamter!»

«Was, du, ein Steuerbeamter?» gab ich zurück.

Herr Fankhauser schien sich über die Berufspläne seines Sohnes auch noch zu freuen. «Res», sagte er, «als Steuerbeamter wirst du zum Beispiel wissen wollen, wofür Hans-Peter so viel Geld ausgegeben hat. Wenn er 200'000 Franken Umsatz erzielt und davon 150'000 Franken in die Werbung steckt und nur 5000 Franken für sich privat beansprucht, dann wirst du vermutlich wissen wollen, wovon dieser Mensch lebt und warum er bei einem solchen Werbebudget nicht erfolgreicher ist.»

«Genau», sagte Res händchenreibend.

Aber mein letztes Wort war noch nicht gesprochen: «Dann werde ich auf jeden Fall dafür sorgen, daß ich nicht in deinem Kanton Steuern zahle!»

«Jungs, wartet noch mit Streiten», warf Herr Fankhauser ein. «Wir sind ja gleich fertig. Jetzt haben wir nämlich die sogenannte <Schlußbilanz I> (sprich: Schlußbilanz eins), und die sieht so aus:

Und alles beginnt von vorn...

Schlußbilanz I

AKTIVEN

Kasse	1'335.00
Postcheck	12'356.00
Guthaben Bank A	125'235.00
Guthaben Bank B	5'600.00
Kundenguthaben	23'567.00
Vorräte Handelswaren	45'000.00
Angefangene Arbeiten	12'000.00
Transitorische Aktiven	6'000.00
Grundstücke	60'000.00
Maschinen	90'000.00
Mobiliar	50'000.00
Fahrzeuge	40'000.00
Patente, Lizenzen	10'000.00

PASSIVEN

Lieferantenschulden	65'345.00
Transitorische Passiven	1'265.00
Darlehensschulden	35'000.00
Rückstellungen	25'000.00
Eigenkapital	254'748.00
Gewinn	99'735.00
481'093.00	481'093.00

Die Schlußbilanz I zeigt einen Aktiven-Überschuß, der als Gewinn ausgewiesen wird.

«Die Schlußbilanz I können wir getrost unserem Treuhänder übergeben», erklärte Herr Fankhauser. «Die <Schlußbilanz II> (Schlußbilanz zwei) benötigen wir nur für uns, damit die Aktiven und die Passiven wieder ausgeglichen sind. Das ergibt dann auch die Eröffnungsbilanz für das kommende Jahr. Natürlich warten wir damit, bis unser Treuhänder die Schlußbilanz I überarbeitet und abgesegnet hat.»

Buchhaltung – ein Kinderspiel!

«Oh Schlußbilanz», spöttelte Res, «ich segne dich in nomine domini...»

«Res, versündige dich nicht!» rief Herr Fankhauser streng. Er war ein «Gläubiger» der alten Garde, mit einem alten Herrn im Himmel, der keinen Humor verstand. Hoffentlich ist sein Weltbild falsch, sonst komme ich für dieses Buch mit Sicherheit in die Hölle. Aber das braucht Sie gottseidank nicht zu kümmern. Sie kommen in den Himmel, nur schon deswegen, weil Sie dieses Buch gelesen haben und mich trotzdem noch mögen.

«Wie kommen wir denn von der Schlußbilanz I auf die Schlußbilanz II?» fragte ich. Ich war dem Gähnen nahe. Es war ein langer und anstrengender Tag gewesen. Aber es hatte sich gelohnt. Mein Gott, was ich heute alles gelernt hatte!

«Das ist ganz einfach!» sagte Herr Fankhauser.

«Gottseidank!» dachte ich, denn viel mehr hätte ich heute nicht mehr verdauen können.

«Du schaust, wieviel Gewinn du gemacht hast und buchst diesen Betrag von <Erfolgsrechnung> an <Eigenkapital>.»

Und alles beginnt von vorn...

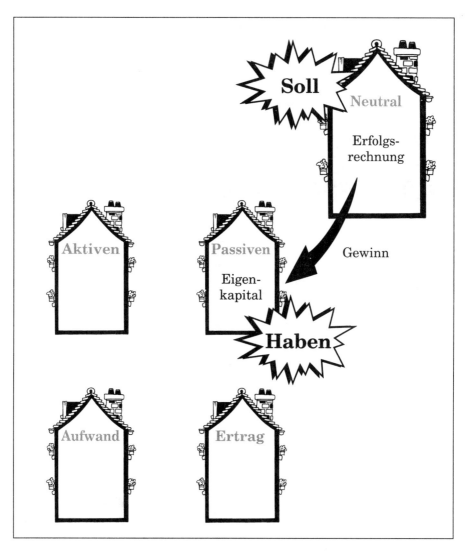

Mit dieser Buchung gelangen wir von der Schlußbilanz I zur Schlußbilanz II. Falls wir einen Verlust erzielt haben, lautet die Buchung genau umgekehrt.

Buchhaltung – ein Kinderspiel!

«Ach, ist das clever», rief ich begeistert. «Das Eigenkapital ist ein Passivkonto, das zunimmt. Das ist logisch, ich habe mir mit meinem Gewinn einen Kapitalzuwachs erwirtschaftet!» «Richtig!» lobte Herr Fankhauser. «Und das Konto ‹Erfolgsrechnung› ist ein neutrales Konto, das in der Buchhaltung nirgendwo vorkommt. Jetzt sind wir bereit für die Eröffnungsbilanz des nächsten Jahres, und alles beginnt von vorn.»

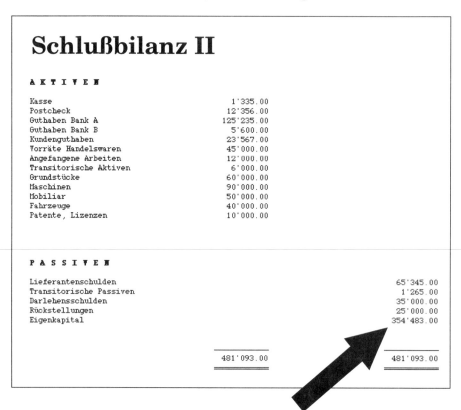

Bei der Schlußbilanz II wurde der Gewinn zum Eigenkapital hinzugezählt. Diese Bilanz ist nun wieder ausgeglichen (die Aktiven betragen gleichviel wie die Passiven) und dient als Eröffnungsbilanz für das folgende Jahr.

Und alles beginnt von vorn...

Liebe Leserin und lieber Leser,
Damit verabschieden wir uns von Res und seinem gescheiten
Vater. Mittlerweile bin ich also groß geworden...
«Rein visuell, meint er natürlich!»
Res, ich habe gesagt, wir verabschieden uns von dir. Sei jetzt
endlich still!
Also, wo waren wir? Wie gesagt, in der Zwischenzeit ist doch
noch etwas aus mir geworden, auch wenn mein lieber Schul-
kollege das immer bezweifelt hat.
Darf ich Ihnen als «erwachsener» Hans-Peter noch zwei Kapi-
tel mit auf Ihren Lebensweg geben?
Im zehnten Kapitel möchte ich Ihnen zwei einfache Buchhaltungs-Programme vorstellen, die all diese Aufgaben für Sie
erledigen. Diese Programme zu bedienen wird für Sie jetzt
buchstäblich ein Kinderspiel sein.
Im elften Kapitel schließlich werde ich Ihnen zeigen, welche
Überlegungen Ihr Bank-Sachbearbeiter (oder kurz gesagt «Banker») anstellt, wenn Sie ihn um einen Kredit ersuchen. Oder
anders gesagt: Wie Sie es schaffen, Geld zu bekommen, wenn
Sie es brauchen.

Moment, das Wichtigste hätte ich fast vergessen! Füllen Sie
doch jetzt gleich das Buchhaltungs-Diplom auf der nächsten
Seite aus und tun Sie etwas Sinnvolles damit: Hängen Sie es
an die Wand, belügen Sie damit Ihren Chef oder essen Sie es
meinetwegen auf.

Übrigens... hinten im Buch finden Sie eine Sammlung von
weiteren Buchungssätzen zum Nachschlagen. Natürlich in
unserer bewährten grafischen Form, damit Sie's auch sofort
verstehen. In diesem Zusammenhang noch ein Wort an die Han-

Buchhaltung – ein Kinderspiel!

delslehrer unter Ihnen: Wenn Sie schon Overhead-Folien machen mit meinen genialen Grafiken (und ich weiß, daß Sie das tun werden!), dann verraten Sie Ihren Schülerinnen und Schülern doch bitte auch, von welchem Genie Sie die geklaut haben. Das Genie heißt Hans-Peter Zimmermann, und das Buch hat den Titel «Buchhaltung – ein Kinderspiel». Ihre Zöglinge werden es Ihnen danken. Und mein Verleger natürlich auch...

Und alles beginnt von vorn...

Buchhaltung – ein Kinderspiel!

10

Die zehnten 10 Minuten:
Wo lassen Sie buchhaltern?
(Zwei Computer-Programme)

Wenn ich Ihnen hier zwei Buchhaltungs-Programme vorstelle, dann geht es mir nicht darum, für ein bestimmtes Produkt Werbung zu betreiben. Ich will Ihnen auch kein Gratis-Handbuch liefern, das es Ihnen ermöglicht, besagtes Programm von Ihrem Kollegen schwarz zu kopieren und dann zu benutzen wie einer, der das Programm auf ehrliche Weise erstanden hat.

Die beiden Firmen, die das Glück haben, hier erwähnt zu werden, haben auch nichts dafür bezahlt (Ehrenwort!) Sie haben mir lediglich ein Beleg-Exemplar ihrer Software überlassen.

Wo lassen Sie buchhaltern?

Bevor jetzt alle Software-Entwickler dieses Buch in eine Ecke schmeißen: Schicken Sie mir ein Exemplar Ihres Programms, und ich werde es in meinem monatlichen Newsletter lobend erwähnen. Ist das ein Wort?

Und noch etwas: Es gibt Treuhänder, die ihren Kunden eigene Computer-Programme zur Verfügung stellen. Das hat den Vorteil, daß Kunden und Treuhänder «per Diskette» miteinander verkehren können. Bevor Sie also ein Programm kaufen, reden Sie mit Ihrem Steuerberater!

Wozu dieses Kapitel und wer soll es lesen?

1. Lesen sollten dieses Kapitel all jene, die sich mit dem Gedanken befassen, ein Buchhaltungs-Programm für ihren Computer zu beschaffen. Wer also bereits eines hat und damit zufrieden ist, kann diesen Abschnitt getrost überspringen.

2. Interessant ist dieses Kapitel auch für diejenigen Leserinnen und Leser, die wissen möchten, was man heutzutage so alles von einem Buchhaltungs-Programm erwarten kann.

3. Falls dies Ihr erstes Buch ist, das Sie zum Thema Buchhaltung gelesen haben, dann wird dieses Kapitel Ihr Verständnis sicher noch vertiefen.

Alles klar? Dann fangen wir an.

Buchhaltung – ein Kinderspiel!

Cashbox™ für Macintosh

Ich beginne mit dem Macintosh-Programm Cashbox™, weil ich selbst dieses Programm seit einiger Zeit benutze und es am besten kenne. Es bedeutet nicht, daß dieses Programm besser ist als CM-Fibu für Windows, das ich Ihnen als zweites vorstellen werde. Im Gegenteil: CM-Fibu ist in mancherlei Hinsicht komfortabler, wenn man mal von der anfänglichen Installation und vom täglichen Sichern absieht, das beim Mac immer noch leichter vonstatten geht als bei Windows.

Wer Cashbox™ zum ersten Mal aufmacht, findet ein Fenster vor, in dem er die Datei und den Namen der Firma sowie zwei Paßwörter einsetzen kann:

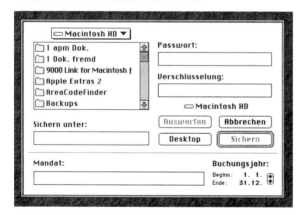

Wer in Cashbox™ eine neue Buchhaltung eröffnet, bekommt dieses Fenster präsentiert. Die Daten können Sie mit zwei Paßwörtern gegen fremden Zugriff schützen.

108

Wo lassen Sie buchhaltern?

Als nächstes öffnen Sie das Menü «Konten festlegen». Dort wird Ihnen ein sehr ausführlicher Muster-Kontenplan vorgelegt:

Das Einrichten Ihres persönlichen Kontenplanes ist ein Kinderspiel: Sie ziehen einfach die gewünschten Konten vom linken ins rechte Fenster.

In guter alter Macintosh-Manier ziehen Sie jetzt einfach diejenigen Konten ins rechte Fenster, die Ihnen sympathisch sind oder die Sie zu verwenden gedenken. So entsteht Schritt für Schritt Ihr ganz persönlicher Kontenplan. Den können Sie auch exportieren und Ihrem Kollegen schenken, der ebenfalls mit Cashbox™ arbeitet.
Das Exportieren und Importieren von Kontenplänen ist problemlos möglich, allerdings nur innerhalb des Programms

Buchhaltung – ein Kinderspiel!

Cashbox™, das heißt, Sie können keinen Kontenplan eines anderen Programms importieren.

Die Export- und Importfunktion brauchen Sie spätestens am Ende des Geschäftsjahres, denn Cashbox™ verfügt noch über keine Funktion, die Ihnen automatisch ein neues Jahr eröffnet und die Schlußbilanz des alten Jahres als Eröffnungsbilanz des neuen Jahres einsetzt. Bei kleineren Betrieben fällt dieser Mehraufwand allerdings nicht ins Gewicht, und Cashbox™ macht diesen kleinen Nachteil durch seine Bedienerfreundlichkeit und Geschwindigkeit mühelos wett.

Zum Zeitpunkt der Drucklegung war die aktuelle Versionsnummer von Cashbox™ die 1.6.4. Es ist anzunehmen, daß zukünftige Versionen diese automatische Funktion eingebaut haben werden.

Wer seinen Kontenplan zusammengestellt hat, muß noch rasch im Fenster «Kontenklassen» vorbeischauen. Dort erklären wir dem Computer nämlich, welche Konten zu den Aktiv-, welche zu den Passiv-, welche zu den Aufwand-, welche zu den Ertrags- und welche zu den Neutral-Konten gehören. Diese zusätzliche Arbeit mag für den Anfänger etwas mühsam erscheinen; der fortgeschrittene Buchhalter wird sich jedoch über dieses flexible System freuen.

Wo lassen Sie buchhaltern?

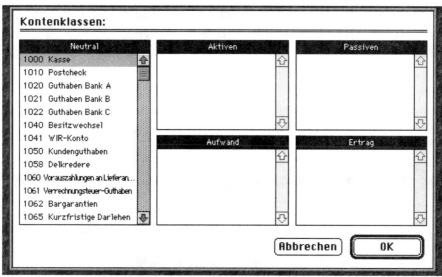

*Das Fenster «Kontenklassen» **vor** meinem Besuch...*

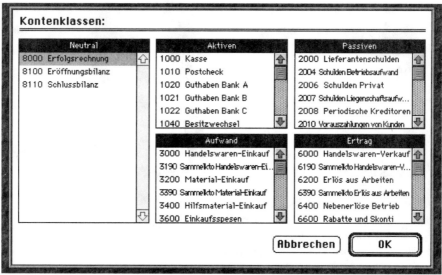

...und nachher. Die Konten wurden in die fünf Kontenklassen verteilt.

Buchhaltung – ein Kinderspiel!

Jetzt kann's losgehen mit Buchen! Im Journalfenster geben Sie bequem Ihre Buchungen ein, was ja für Sie jetzt kein Problem mehr sein sollte.

Fortlaufende Buchungsnummer.
Wird vom Programm automatisch eingesetzt.

Toolbox für das Ändern, Kopieren und Löschen von Buchungen.

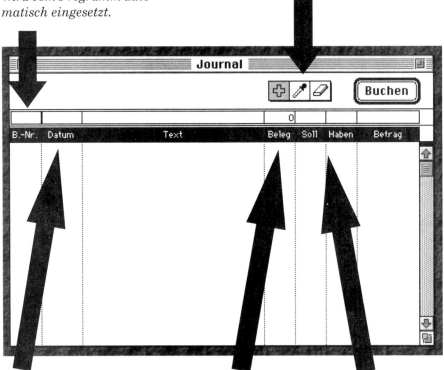

Datum.
Wird vom Benutzer eingesetzt oder von der vorherigen Buchung übernommen.

Belegnummer.
Falls Sie Ihre Buchungsbelege laufend numerieren, können Sie die Nummer hier einsetzen. Das erleichtert Ihnen später das Suchen von Belegen.

Hier setzen Sie die Nummer des Kontos ein, in dem der Betrag ins Soll beziehungsweise ins Haben gebucht wird.

Wo lassen Sie buchhaltern?

Der Computer liefert Ihnen jederzeit auf Knopfdruck eine Bilanz, eine Erfolgsrechnung, einen Kontoauszug und was das Buchhalterherz sonst noch alles begehrt.

Daß man jedes Konto mit einer Nummer einsetzen muß, ist ein kleiner Nachteil, von dem ich mir wünsche, daß er in einer der nächsten Programm-Versionen beseitigt wird. Wer mag schon gerne Nummern auswendig lernen! Ich habe mir bis jetzt damit beholfen, daß ich das Journal und das Kontenplan-Fenster gleichzeitig geöffnet lasse, so daß ich jederzeit eine Kontonummer nachschlagen kann.

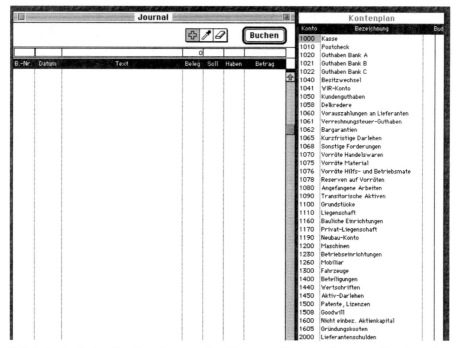

Ich behalte beim Buchen immer das Fenster «Kontenplan» geöffnet, so daß ich jederzeit eine Kontonummer nachschlagen kann.

Buchhaltung – ein Kinderspiel!

Praktisch wäre hier ein kleines Popup-Menü mit allen Kontenbezeichnungen, wie es zum Beispiel das Programm CM-Fibu
für Windows bietet. Oder, wie ich es in einem amerikanischen
Programm einmal gesehen habe, die Möglichkeit, daß man die
ersten drei Buchstaben der Kontobezeichnung eingeben kann
und dann eine Auswahl der in Frage kommenden Konten präsentiert bekommt.

AKTIVEN	
Kasse	1'335.00
Postcheck	12'356.00
Guthaben Bank A	125'235.00
Guthaben Bank B	5'600.00
Kundenguthaben	23'567.00
Vorräte Handelswaren	45'000.00
Angefangene Arbeiten	12'000.00
Transitorische Aktiven	6'000.00
Grundstücke	60'000.00
Maschinen	90'000.00
Mobiliar	50'000.00
Fahrzeuge	40'000.00
Patente, Lizenzen	10'000.00

PASSIVEN	
Lieferantenschulden	65'345.00
Transitorische Passiven	1'265.00
Darlehensschulden	35'000.00
Rückstellungen	25'000.00
Eigenkapital	254'748.00
Gewinn	99'735.00
481'093.00	481'093.00

*Cashbox™ lie-
fert Ihnen jeder-
zeit auf Knopf-
druck eine Bi-
lanz, eine Er-
folgsrechnung...*

1020 Guthaben Bank A						
Datum	Text	Beleg	G.-Kto.	Soll	Haben	Saldo
01.01.96 x		0	8100	30'235.00		30'235.00
01.01.96 x		0	4300		40'000.00	-9'765.00
01.01.96 x		0	6200	135'000.00		125'235.00

...oder einen Kontoauszug.

Wo lassen Sie buchhaltern?

In einem Punkt gefällt mir Cashbox™ besser als CM-Fibu, und zwar bei der Darstellung der Bilanzen und Erfolgsrechnungen. Während CM-Fibu alles untereinander schreibt, liefert Cashbox™ zwei übersichtliche Spalten für Aktiven und Passiven beziehungsweise Aufwand und Ertrag.

Zusätzliche Funktionen wie «Kassen-Aufnahmeprotokoll» und «Buchen Mehrwertsteuer» runden diese einfache, aber praktische Macintosh-Software ab.

Buchhaltung – ein Kinderspiel!

CM-Fibu für Windows

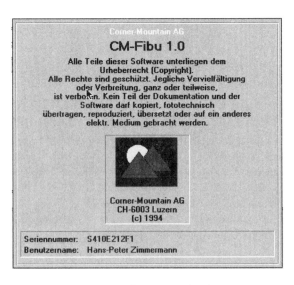

Die Windows-Benutzer werden mir sicher verzeihen, daß ich «ihr» Programm erst an zweiter Stelle erwähne. Ich habe 1984 meinen ersten Mac gekauft und bin sozusagen mit ihm groß geworden.
Dank meinem neuesten PowerMac und einer Software mit Namen SoftWindows, die bewirkt, daß sich mein Mac benimmt wie eine Windows-Maschine, kann ich jetzt auch die Freuden und Leiden eines Bill-Gates-Anhängers nachvollziehen.

Ich muß zugeben: Auf den ersten Blick war ich ein wenig neidisch auf alle Windows-Benutzer, was sonst eher selten vorkommt. CM-Fibu für Windows bietet zwar von den Grundzügen her ungefähr dasselbe wie Cashbox™ für den Mac, aber mit dem gewissen Hauch von Luxus, den ich in meinem Leben schon immer sehr geschätzt habe, so ganz nach dem Motto «Wer nichts tut, dem sei zumindest etwas Luxus gegönnt!»

Wer in CM-Fibu eine neue Buchhaltung eröffnet, kann in Sachen Kontenplan wählen zwischen einem Musterplan für Aktiengesellschaften und den Kontenplänen aller anderen Buchhaltungen, die er bereits einmal zusammengestellt hat. Das

Wo lassen Sie buchhaltern?

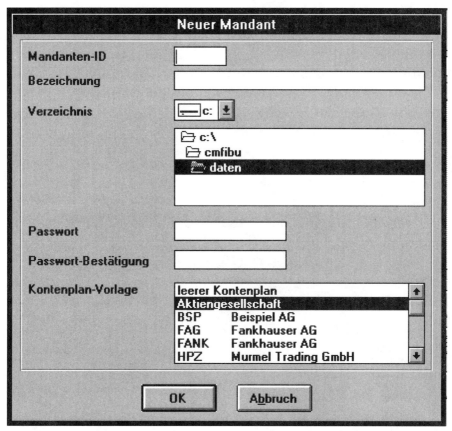

Das Fenster «Neuer Mandant» liefert die Muster-Kontenpläne sämtlicher anderen Mandanten. Das ist besonders praktisch für Leute, die mehrere Firmen verwalten.

ist besonders praktisch für Leute, die mehrere ähnliche Buchhaltungen führen müssen (oder besser: führen *dürfen*, denn Buchhaltung macht ja bekanntlich Spaß!)

Buchhaltung – ein Kinderspiel!

Das zweite Feature, das ich mir für mein Mac-Programm wünschen würde, befindet sich im Journalfenster und überall dort, wo man Konten auswählen muß. Bei CM-Fibu muß ich mich nicht mit nichtssagenden Kontonummern herumplagen. Überall steht mir ein Popup-Menü mit den richtigen Kontenbezeichnungen zur Verfügung.

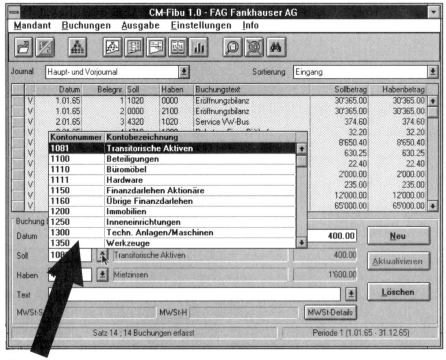

Überall dort, wo Kontennummern eingesetzt werden müssen, steht mir ein Popup-Menü mit dem gesamten Kontenplan zur Verfügung.

Wo lassen Sie buchhaltern?

Auch das Eröffnen einer neuen Buchungsperiode geht bei CM-Fibu fix vonstatten. Das Programm übernimmt den alten Kontenplan und setzt als Eröffnungsbilanz die Schlußbilanz der vorhergehenden Periode ein.

Wer das Programm CM-Fibu kauft, wird sicher noch ein paar weitere Luxus-Features entdecken. Allein das mitgelieferte Programm «Listen- und Etikettendesigner» verspricht einiges.

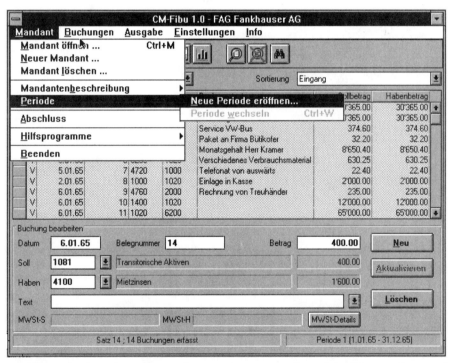

Der Befehl «Neue Periode eröffnen» übernimmt den alten Kontenplan und setzt als Eröffnungsbilanz die Schlußbilanz-Posten der vorhergehenden Periode ein.

Buchhaltung – ein Kinderspiel!

Was mir sowohl bei Cashbox™ wie auch bei CM-Fibu fehlt, ist eine kleine Einführung in die Welt der Buchhaltung.
Ich träume von den Zeiten, wo alle Buchhaltungs-Programme standardmäßig mit dem Buch «Buchhaltung – ein Kinderspiel» sowie einem interaktiven Buchhaltungs-Lehrgang auf CD-ROM ausgerüstet werden. Isja nurso 'ne Idee...

Übrigens... die Bezugsadressen für beide Programme finden Sie hinten im Buch.

Wenn ich zu meinem Banker geh'...

11

Gratis-Zugabe:
Wenn ich zu meinem Banker geh'... (Wie man seine Vorhaben finanziert)

Hand aufs Herz, liebe Leserin und lieber Leser: Gehören Sie auch zu denjenigen Menschen, die behaupten, Bank-Angestellte seien grundsätzlich doof und gäben nur denjenigen Geld, die schon genug davon haben?
Nun, ich habe eine Überraschung für Sie: Der Anteil an doofen Menschen ist bei Bank-Mitarbeitern nicht größer als bei jeder anderen Berufskategorie. Wenn Klein-Unternehmer einen gewünschten Kredit nicht bekommen, dann liegt es meistens an der Unwissenheit. Und zwar an der Unwissenheit des Unternehmers, nicht derjenigen des Bank-Angestellten. Woher soll

Buchhaltung – ein Kinderspiel!

der Unternehmer wissen, was dem Banker wichtig ist? Auch das ist leider etwas, was an unseren Schulen nicht gelehrt wird. Warum? Weil die Lehrer keine Kredite brauchen, darum! Oder tue ich den Lehrern schon wieder unrecht? Wie dem auch sei: Tatsache ist, daß ich bisher noch keinen einzigen Inhaber eines Kleinbetriebes angetroffen habe, der auch nur halbwegs versteht, was Banker wollen.

Wir haben uns für Sie umgesehen (ist doch schön von uns, oder?)

Als ich meinen Workshop «Groß-Erfolg im Kleinbetrieb» vorbereitete, wollte ich es endlich wissen. Ich befragte ein halbes Dutzend Banker, worauf Sie bei der Kreditvergabe genau achten. Bevor ich Ihnen zeige, wie Sie in Zukunft Ihre Vorhaben finanzieren, will ich Ihnen ein paar Todsünden verraten, die bei Kredit-Anträgen immer wieder begangen werden:

Fünf Todsünden im Umgang mit Banken (bei Erstkontakten):

1. Der Kreditgesuchsteller (das wären also Sie) hat keine schriftlichen Unterlagen bei sich.

2. Der Kreditgesuchsteller hat zwar schriftliche Unterlagen bei sich, aber die falschen (Merken Sie sich: Kataloge und Preislisten interessieren den Banker einen alten Hut!)

3. Der Kreditgestellsucher (ich wußte ja, daß das passieren

würde) verwechselt den Banker mit einem Unternehmensberater («Glauben Sie nicht auch, daß dafür ein Markt besteht?» «Das müßte sich doch verkaufen lassen, oder?»).
Denken Sie daran: Sie sollten bereits überzeugt sein, wenn
Sie zum Banker gehen. Und nicht nur das: Sie sollten auch
die Hausaufgaben gemacht haben. Doch davon später...

4. Der Kreditgesuchsteller besitzt zu wenig konkrete Vorstel-
   lungen. Bei Produkten weiß er nicht, wie viele Stück er pro
   Jahr zu verkaufen gedenkt. Er hat keine Rentabilitätsrech-
   nung aufgestellt, geschweige denn einen Marketingplan.
   Bei Dienstleistungen weiß er nicht, ob seine Leistung überhaupt einem Bedarf entspricht.

5. Der Kreditgesuchsteller hat keinen Schimmer von Finanzplanung. Zum Thema «Budget» weiß er nur, daß die Regie-
   rungen aller Länder lange darüber debattieren und es dann
   doch nicht einhalten. Und den «Liquiditätsplan» verwechselt er mit einer Therapie für Alkoholiker.

**Weitere sechs Todsünden im Umgang mit Banken (bei
bestehenden Kontakten):**

Bei bestehenden Kontakten gelten dieselben Todsünden wie
bei Neukontakten. Zusätzlich gibt es sechs weitere Möglichkeiten, wie Sie das einmal gewonnene Vertrauen Ihres Bankers sehr rasch wieder verlieren können.

1. Die Information bleibt aus, sobald der Kredit einmal gesprochen ist. Der Banker hat das ganze Jahr über keine

Buchhaltung – ein Kinderspiel!

Ahnung, was Sie mit seinem Geld machen und ob Sie schon fast Millionär sind oder knapp vor dem Bankrott stehen. Ich schicke meinem Banker mindestens alle drei Monate einen Brief, in dem ich ihn über vergangene Erfolge und über meine Zukunftspläne informiere. Gleichzeitig bekommt er von mir den neuesten Liquiditätsplan (wie man so etwas aufstellt, zeige ich Ihnen gleich!)

2. Die zweite Todsünde habe ich bereits erwähnt: Mangelnde Liquiditätsplanung. Der Grundtenor bei Bankern lautet folgendermaßen: «Wir sind jederzeit bereit, vorübergehende finanzielle Engpässe überbrücken zu helfen. Aber wir möchten gerne vorher wissen, wann sie auftreten!»
   Recht haben sie, die Banker! Denn schließlich haben wir ein Budget, und mit einem Liquiditätsplan können wir leicht herausfinden, wann es eng wird. Es gibt keinen Grund, den Banker erst dann zu informieren, wenn einem das Wasser bis zum Hals steht.

3. Viele Klein-Unternehmer möchten ein Vertrauensverhältnis zu ihrem Banker aufbauen, glauben jedoch, ihn jederzeit schamlos anlügen zu dürfen. So kann keine Beziehung funktionieren. Wenn Sie Ihren Banker als langfristigen Partner gewinnen wollen, dann seien Sie ehrlich mit ihm!

4. Die meisten Klein-Unternehmer kommen sich als Bettler vor, wenn sie von ihrem Banker einen Kredit haben wollen. Das ist völlig falsch! Sie sollten zwei Dinge nicht vergessen: 1. Geld ist ein Rohstoff. Man kauft es ein wie jeden anderen Rohstoff auch. Also hat man auch das Recht, über die Konditionen zu verhandeln. 2. Die besten Bankkunden

sind diejenigen, die am meisten Geld von ihrer Bank «kaufen». Das Geld der Bank muß arbeiten können, damit es rentiert. Ohne Sie ist der Banker aufgeschmissen! Die meisten Banker sind sich dessen bewußt und werden Sie dementsprechend gut behandeln. Allerdings nur dann, wenn sie Ihnen vertrauen können, das heißt, wenn Sie professionell mit ihrem Geld umgehen.

5. Die meisten Klein-Unternehmer spielen selber Bank, obschon sie es sich überhaupt nicht leisten können. Sie führen ihr Mahnwesen zu wenig straff. Zuerst wird drei Monate gewartet mit der ersten Mahnung, dann folgt eine ganz sanfte Anfrage, ob der Kunde nicht eventuell dann doch einmal vielleicht zahlen möchte, denn man habe schließlich auch seine Verpflichtungen, und so weiter. Sie kennen das sicher bestens.
Hierzu habe ich nur eines zu sagen: Wenn Sie Ihre Arbeit hervorragend erledigt haben, dann stehen Sie auch zu Ihren Forderungen, und zwar mit aller Konsequenz! Es gibt keinen Grund für Sie, Bank zu spielen. Und jeder, der es dennoch tut, tut es nicht für lange...

6. Die meisten Klein-Unternehmer lassen den Banker monatelang warten, bis sie ihm endlich einen Jahresabschluß liefern. Das liegt natürlich unter anderem auch daran, daß die meisten Inhaber von Kleinbetrieben sogenannte Schuhschachtel-Unternehmer sind. Oder müßte man eher sagen «Schuhschachtel-Unterlasser»? Ein Schuhschachtel-Unternehmer ist einer, der sämtliche Belege in einer Schuhschachtel sammelt, die er dann Ende Jahr seinem Treuhänder bringt. Wenn Sie nach der Lektüre dieses Buches

125

immer noch zu dieser Sorte gehören, dann ist Ihnen nicht mehr zu helfen.

Wenn Großbetriebe es schaffen, bis zum 7. Januar ihre riesigen Jahresabschlüsse abzuliefern, dann müßten Sie doch eigentlich in der Lage sein, Ihren Mini-Abschluß in den ersten vierzehn Tagen des neuen Jahres fertig zu haben, oder? Im Notfall habe ich meinem Banker auch schon mal einen provisorischen Abschluß geschickt mit der Bemerkung «steuerliche Optimierung erfolgt noch». Egal, wie Sie es machen: Lassen Sie Ihren Banker nicht im unklaren. Sagen Sie es ihm, wenn es Verzögerungen gibt. Wenn Sie ihn das ganze Jahr über korrekt informieren, wird er Ihnen eine kleine Verspätung mühelos verzeihen.

Na, haben Sie sich in einigen dieser Todsünden wiedererkannt? Keine Angst. Sie kommen deswegen nicht in die Hölle. Obwohl... ich kenne ein paar Unternehmer, die behaupten, deswegen durch die Hölle gegangen zu sein. Aber das hat ja auch sein Gutes: Wer durch die Hölle gegangen ist, hat erstens etwas zu erzählen, und zweitens ist die Chance groß, daß ihn dieses Erlebnis stark gemacht hat. Wenn Sie trotzdem auf diese Erfahrung verzichten möchten, lesen Sie weiter...

Die drei Säulen eines Betriebes und warum Sie sie kennen sollten...

Wenn Sie begreifen wollen, worauf der Banker achtet, dann müssen Sie zuerst begreifen, wie ein Betrieb überhaupt aufgebaut ist. Jeder Betrieb besteht aus drei Säulen:

Wenn ich zu meinem Banker geh'...

1. Management
2. Produkt
3. Finanzen

In den ersten Bereich gehören unter anderem die Eigenschaften der leitenden Personen. Der Werdegang, die fachliche Kompetenz und (bitte nicht unterschätzen!) die Ausstrahlung. Die Ausstrahlung und die Kommunikationsfähigkeit der Führungspersönlichkeiten sind es auch, die auf das Betriebsklima abfärben. Und das ist wiederum etwas, was jeden ernsthaften Banker zu interessieren hat, weil er weiß, daß ein Betrieb mit schlechtem Arbeitsklima dem Untergang geweiht ist.

Der zweite Bereich ist das Produkt mit allem, was dazu gehört. Unter anderem gehört dazu der gesamte Marketing-Mix. Diesen können Sie wiederum aufteilen in:
1. Marktleistung (Eigenschaften und Qualität des Produktes, Preis)
2. Kommunikation (Definition der Zielgruppen, Verkaufsförderung, Werbung)
3. Warenfluß (Nachschub, Transport, Lagerhaltung, Vertriebskanäle)

Der dritte Bereich sind die Finanzen. Und diesen können Sie wiederum einteilen in:
1. Sicherheit
2. Rentabilität
3. Liquidität

Mein Banker, übrigens einer der klügeren Sorte, hat einmal die folgenden Vergleiche aufgestellt:

Buchhaltung – ein Kinderspiel!

- Sicherheit ist das Fett einer Firma
- Rentabilität ist die Nahrung einer Firma
- Liquidität ist der Atem einer Firma

Ist das nicht genial? Das bedeutet für Sie: Das Wichtigste für den Banker ist, daß Ihre Firma rentiert und daß sie liquid ist, das heißt, daß sie genügend Luft und Nahrung bekommt. Das Fett wird sie sich im Laufe der Jahre schon anfressen.
In diesem Vergleich sehen Sie auch, was das absolut Wichtigste ist, nämlich die Liquidität. Wenn Ihnen die Bank den Atem abstellt, nützt Ihnen weder das Fett noch die Nahrung etwas, um den Betrieb am Leben zu erhalten. Das hat sich in der letzten Rezession bei mehreren Zusammenbrüchen von Großkonzernen bestätigt.
Daher möchte ich es Ihnen nochmals ans Herz legen: Lernen Sie die Denkweise Ihres Bankers kennen und liefern Sie ihm das, was er braucht!
Und damit sind wir endlich beim Thema:

Worauf der Banker *wirklich* achtet...

Ob Sie's glauben oder nicht: Jeder seriöse Banker schaut zuerst auf die erste Säule, das Management. Als Zweites kommt das Produkt. Und erst zuletzt wird er sich mit Ihrer finanziellen Lage auseinandersetzen.
Auf der nächsten Seite finden Sie eine kleine Checkliste, die Ihnen darüber Auskunft gibt, welche Fragen sich der Banker stellt, wenn Sie von ihm einen Kredit haben wollen. Sie tun gut daran, auf alle Fragen eine passende Antwort bereit zu haben. Damit wollen wir uns im nächsten Abschnitt befassen...

128

Wenn ich zu meinem Banker geh'...

Management

☐ Ist er eine Unternehmer-Persönlichkeit?

☐ Ist er überzeugt von der Sache?

☐ Vermag er auch andere zu überzeugen?

☐ Besitzt er die nötigen Kenntnisse? (Werdegang!)

☐ Besteht eine Unternehmens-Vision?

Produkt / Dienstleistung

☐ Hat er den Bedarf abgeklärt? Wie zuverlässig?

☐ Wieviel gedenkt er zu verkaufen?

☐ Ist das ein wachsender Markt?

☐ Besteht ein Marketing-Plan?

Finanzen

☐ Besteht ein Budget?

☐ Besteht eine Liquiditäts-Planung?

☐ Wie ist die Rendite?

☐ Wieviel Eigenkapital ist vorhanden?

☐ Gibt es Sicherheiten?

☐ Gibt es Stille Reserven?

Buchhaltung – ein Kinderspiel!

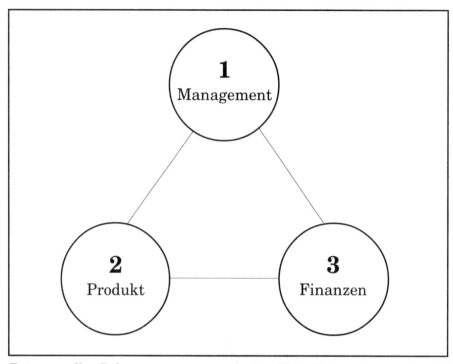

Entgegen allen Behauptungen von geplagten Klein-Unternehmern: Das ist die Reihenfolge, in der Ihr Banker Ihren Betrieb «durchleuchtet». Wenn Sie also kein Geld bekommen, könnte es durchaus an Ihnen liegen.

Was Sie tun können, um einen Kredit zu bekommen

Sind Sie einverstanden, wenn wir die einzelnen Fragen des Bankers der Reihe nach durchgehen und uns überlegen, wie wir sie beantworten können? Okay, dann nichts wie los...

Frage 1: Ist er eine Unternehmer-Persönlichkeit? Ist er überzeugt von der Sache? Vermag er auch andere zu überzeugen? Besitzt er die nötigen Kenntnisse?

Antwort: Es liegt mir zwar fern, die Menschen in Schubladen einzuteilen. Aber der Übersicht halber möchte ich Ihnen dennoch weitergeben, was mir ein Banker anvertraut hat. Er unterteilt seine Kreditgesuchsteller in drei Kategorien:

1. Der hervorragende Fachmann mit mangelnder Selbstsicherheit. Er stellt sein Licht unter den Scheffel und hat keine Ahnung, wie man sich richtig verkauft. (Preisfrage: Warum heißt eines meiner beliebtesten Seminare wohl «Wie man sich selber besser verkauft»?)

2. Der energiegeladene Aufschneider. Daß er ein Aufschneider ist, merkt man meistens daran, daß er keine schriftlichen Unterlagen bei sich hat. Oder wenn er sie hat, dann stammen sie von irgend einem Finanzberater, und man spürt im Gespräch, daß der Gesuchsteller keine Ahnung hat. Was er aber hat, sind Träume. Und er möchte, daß die Bank sie ihm ruckzuck materialisiert. Aufschneider sind, je nachdem wie clever sie sich geben, nicht auf Anhieb als solche zu entlarven. Daß sie außerdem mit einem Maßanzug auftreten und lässig einen Mercedes-Schlüssel auf den Besprechungstisch fallen lassen, macht die Aufgabe für den Banker auch nicht besonders leicht.

3. Der Vollblut-Unternehmer. Das sind die Lieblingskinder der Banker, nur kommen sie leider sehr selten vor. Ein Vollblut-Unternehmer ist eine gewin-

nende Persönlichkeit und fachlich kompetent. Er weiß, was er kann und er weiß, wovon er spricht. Er kommt perfekt dokumentiert an und betrachtet seinen Banker als gleichwertigen Geschäftspartner. Er ist von der Sache überzeugt und versteht es auch, seinen Banker zu überzeugen.

Ich überlasse es Ihnen herauszufinden, zu welchem Typ Sie gehören. Nur eines möchte ich Ihnen ans Herz legen: Befassen Sie sich mit sich selbst! Bilden Sie sich nicht nur in fachlicher Hinsicht weiter, sondern tun Sie etwas für Ihre Persönlichkeits-Entwicklung! Merken Sie sich: Ihre Ausstrahlung ist Ihr größter Aktiv-Posten, auch wenn Sie ihn nicht in Ihrer Buchhaltung auflisten können. Zumindest vorläufig nicht; es wird wahrscheinlich noch eine Weile dauern, bis die Banker den Wert von immateriellem Anlagevermögen in vollem Umfang begreifen.

Frage 2: Besteht eine Unternehmens-Vision?
Wozu ist Ihre Firma eigentlich da? Nur um Geld zu verdienen? Dann haben Sie die gleiche Unternehmens-Vision wie eine Prostituierte.
Wenn Sie ein anständiger Unternehmer sind, dann haben Sie Ihre Unternehmens-Vision im Kopf. Schreiben Sie sie auf, damit jeder sie sehen und Ihnen helfen kann, sie wahrzumachen!
Wenn Sie ein *un*anständiger Unternehmer sind, dann interessieren Sie mich sowieso nicht. Machen Sie, was Sie wollen, aber bleiben Sie mir vom Hals!

Frage 3: Hat er den Bedarf abgeklärt? Wieviel gedenkt er zu verkaufen? Ist das ein wachsender Markt?
Antwort: Kein Banker verlangt von Ihnen, daß Sie bei teuren Marktforschungs-Instituten großangelegte Studien in Auftrag geben. Aber irgend eine Form von Marktabklärung sollten Sie schon getroffen haben. Wenn Sie ein Produkt für Zahnärzte anbieten, dann finden Sie zumindest heraus, wie viele Zahnärzte es in Ihrem Land gibt. Dafür gibt es die verschiedensten Informationsquellen. Mein erster Schritt ist immer ein Suchlauf im Internet. Ich nehme an, Sie wissen, was das Internet ist, sonst werden Sie es sicher bald herausfinden.

Falls das Internet bei obigem Beispiel mit den Zahnärzten keine Information lieferte, wäre mein nächster Versuch ein Anruf bei der Zahnärztekammer oder wie das Ding auch immer heißen mag. Anschließend würde ich mit drei bis vier guten Zahnärzten sprechen und schon wäre ich gewappnet für meinen Marketing-Plan. Damit sind wir bei der nächsten Frage...

Frage 4: Besteht ein Marketing-Plan?
Antwort: Auch hier will der Banker keine seitenlangen Abhandlungen lesen, sondern einen kurzen Abriß, der über das Marktpotential, die Konkurrenz-Situation und den Marketing-Mix Auskunft gibt. Das könnte ungefähr so aussehen:

Buchhaltung – ein Kinderspiel!

Marketingplan OptiFill™

Produktbeschreibung:	OptiFill™ ist ein Werkzeug für Zahnärzte, mit dessen Hilfe der Zahnarzt die Qualität von Kunststoff-Füllungen verbessern kann. Gewisse Füllungen sind sogar nur mit Hilfe von OptiFill™ möglich.
Marktpotential:	Schweiz 11'500 Zahnärzte Deutschland 155'000 Zahnärzte Österreich 15'000 Zahnärzte
Marktchancen:	Zehn Schweizer Zahnärzte haben OptiFill™ getestet und verwenden das Werkzeug seither täglich. Laut Auskunft der Testärzte benötigt jeder Zahnarzt OptiFill™, der mit Kunststoff-Füllungen arbeitet.
Konkurrenz:	OptiFill™ ist ein eingetragenes Warenzeichen. Das Patent ist angemeldet. Unsere Nachforschungen am letzten Zahnärzte-Kongreß in Zürich haben ergeben, daß vorläufig keine Firma etwas Ähnliches auf den Markt bringt.
Marktvolumen:	Laut Zahnärztekammer arbeiten ca. 80 % aller Zahnärzte mit Kunststoff-Füllungen. Die Tendenz ist steigend. Grund: Kunststoff-Füllungen sehen schöner aus (Kosmetischer Aspekt).
Marktanteil:	Wir gehen davon aus, daß im ersten Jahr 5 % der Zahnärzte im deutschsprachigen Raum OptiFill™ kaufen werden. 5% von 181'500 = 9075

Wenn ich zu meinem Banker geh'...

Preis:	Laut Auskunft der Testärzte ist ein Endverbraucher-Preis von Fr. 95.— (zuzüglich Versandkosten) angemessen.
Einstandspreis:	Wenn man die Entwicklungskosten auf die ersten 5 Jahre abwälzt, kommt ein Stück OptiFill™ auf Fr. 7.50 zu stehen.
Umsatz im 1. Jahr:	9075 x 95.— = Fr. 862'125.—
Aufwand:	Werbeaufwand für 181'500 Mailings: Fr. 271'500.—
	Werbeaufwand für unterstützende Image-Anzeigen in der Fachpresse: Fr. 20'000.—
	Produktionsaufwand: Fr. 70'000.—
	Personal- und Verwaltungsaufwand: Fr. 40'000.—
	Total Aufwand: Fr. 401'500.—
Cash Flow:	Fr. 460'625.—
Kreditantrag:	Kontokorrent-Betriebskredit mit einer Limite von Fr. 200'000.—
Sicherheiten:	Hinterlegte Lebensversicherung über Fr. 500'000.—

Mit diesem erfundenen Marketing-Plan wollte ich Ihnen zeigen, wie kurz und einfach man ein Dokument herstellen kann, das den Banker glücklich macht. Denken Sie daran: Der Banker hat keine Zeit, Romane zu lesen! Falls Sie in meinem Marketing-Plan einen Fehler entdeckt haben oder eine bestimmte Angabe vermissen, herzliche Gratulation! Das zeigt, daß Sie ein aufmerksamer Leser sind.

Buchhaltung – ein Kinderspiel!

Frage 5: Besteht ein Budget?

Wenn Sie einen Computer besitzen (und ich nehme doch schwer an, daß das bei Ihnen der Fall ist!), dann ist die Erstellung eines Budgets ein Kinderspiel. Kaufen Sie sich ein einfaches Tabellenkalkulations-Programm und listen Sie sämtliche Aufwand- und Ertragposten auf. Schreiben Sie hinter jedem Posten, wieviel Sie glauben, im nächsten Jahr dafür einsetzen zu müssen. Dann verknüpfen Sie die einzelnen Felder so, daß der Aufwand vom Ertrag abgezogen wird. Das sieht dann ungefähr so aus:

Wenn ich zu meinem Banker geh'...

Muster-Budget 1995			
Ertrag	*509'000.00*	**Aufwand**	*262'020.00*
Dienstleistungen	350'000.00	Materialeinkauf	10'000.00
Warenertrag	134'000.00	Wareneinkauf	50'000.00
Lizenz-Einkünfte	25'000.00	Versandkosten/Porti	2'500.00
		Fremdarbeiten	20'000.00
		AHV, ALV, FAK	6'000.00
Kapitalplanung		Mietzinsen	24'000.00
		Leasing Fahrzeuge	25'000.00
Kapital 1.1.95	185'000.00	Kapitalzinsen, Bankspesen	8'000.00
Gewinn 1995	221'980.00	Unterhalt/Reparatur/Ersatz	2'500.00
Privatverbrauch	-60'000.00	Motorfahrzeugkosten	3'500.00
Kapital 31.12.95	*346'980.00*	Sachversicherungen	1'500.00
		Betriebsversicherungen	2'700.00
		Gehälter	50'000.00
		Verbandsbeiträge	120.00
Stille Reserven	*130'000.00*	Büromaterial	1'500.00
		Drucksachen	5'000.00
Reserven auf Warenlager	50'000.00	Telefon/Fax/Natel	3'000.00
Reserven auf Maschinen	30'000.00	Information und Ausbildung	6'000.00
Patente, Lizenzen	50'000.00	Sonstiger Verwaltungsaufwand	500.00
		Rechts- und Buchführungskosten	2'000.00
		Spenden und Trinkgelder	1'200.00
		Werbung	25'000.00
		Aussendienst	10'000.00
		Geschäftsspesen	2'000.00
		Cash Flow	*246'980.00*
		Abschreibungen	25'000.00
		Reingewinn vor Steuern	*221'980.00*

Mit einem einfachen Tabellenkalkulations-Programm erstellen Sie Budgets, die Ihren Banker tief beeindrucken.

Buchhaltung – ein Kinderspiel!

Frage 6: Besteht eine Liquiditäts-Planung?
Ich habe eine gute Nachricht für Sie: Jetzt dürfen Sie endlich wieder zu Ihrer guten alten Milchbüchlein-Rechnung
zurückkehren. Beim Liquiditätsplan müssen Sie sich nämlich nicht mit so seltsamen Dingen wie <Transitorische
Aktiven> und <Verrechnungskonti> herumschlagen. Nein,
beim Liq-Plan, wie ihn der Fachmann nennt, geht es nur
um zwei Dinge: Wieviel Cash fließt aufs Konto und wieviel
fließt wieder weg?
Sie haben natürlich völlig recht: Man kann so etwas nicht
auf Heller und Pfennig voraussagen. Das muß auch nicht
sein. Ein Liq-Plan wird mit runden Beträgen aufgestellt.
Die meisten Aufwandposten müßten ja klar sein. Sie wissen, wie hoch Ihr Mietzins ist und Sie können aufgrund
der Vorjahres-Zahlen abschätzen, wieviel Sie für Telefon,
Motorfahrzeuge und Löhne ausgeben werden. Was die Einkünfte angeht, so wissen Sie vielleicht aus Erfahrung, daß
die Kunden im Januar eher länger warten mit dem Zahlen, daß dafür jedoch im März immer ein größerer Betrag
hereinkommt.
Setzen Sie die schätzungsweisen Zahlen ein, so gut es eben
geht und bauen Sie überall eine kleine Reserve ein. Der
Banker hat es lieber, wenn Sie eine pessimistischere Pro-
gnose stellen und ihn dann positiv überraschen können.
Auf der nächsten Seite sehen Sie, wie so ein Liquiditäts-
Plan ungefähr aussehen kann:

Wenn ich zu meinem Banker geh'...

	Heute	31.8.	30.9.	31.10.	30.11.	31.12.	31.1.	28.2.	31.3.
Kontostand	-35000	-28340	-39680	-9020	-42360	-62700	-37540	-8880	-17220
Einnahmen		30000	20000	50000	20000	15000	45000	50000	23000
Ausgaben									
Metzinsen		2000	2000	2000	2000	2000	2000	2000	2000
Fahrzeug_Leasing			4000				4000		4000
Bankspesen u. Zinsen						3000			3000
Reparaturen		50	50	50	50	50	50	50	50
Motf. kosten		270	270	270	270	270	270	270	270
Betriebsversicherung							2500		
3. Säule		6000							
Büromaterial		170	170	170	170	170	170	170	170
Telefon		170	170	170	170	170	170	170	170
Porti		200	200	200	200	200	200	200	200
Info und Ausbildung		400	400	400	400	400	400	400	400
Verbände		20	20	20	20	20	20	20	20
Verwaltungsaufw.		300	300	300	300	300	300	300	300
Buchführung									2000
Werbung		2000	2000	4000	2000	2000	2000	6000	2000
Löhne		4500	4500	4500	4500	4500	4500	4500	4500
Aussendienst		1060	1060	1060	1060	1060	1060	1060	1060
Auslandspesen			6000			12000			6000
Repräsentation		300	300	300	300	300	300	300	300
Fremdarbeiten			5000		36000	3000			3000
Privatverbrauch		1900	1900	1900	1900	1900	1900	1900	1900
Reserve		4000	4000	4000		4000	4000	4000	

Anhand dieses Liquiditäts-Planes sieht der Banker, daß das Kredit-Limit von Fr. 50'000.— im Dezember kurzfristig überschritten werden wird. Diese Überschreitung wird er ohne weiteres bewilligen, sofern er früh genug informiert wird.

Buchhaltung – ein Kinderspiel!

So, damit hätten wir das Wichtigste abgedeckt, was den Umgang mit Banken angeht. Wenn Sie so ausgerüstet zu Ihrem Banker gehen, dann steigen Ihre Chancen, einen Kredit zu bekommen, um ein Vielfaches.

Für die Fortgeschrittenen (um nicht zu sagen «die Finanz-Wildsäue») unter Ihnen will ich hier noch ein paar Definitionen von Kennzahlen anfügen, die für den Banker wichtig sind. Oder anders gesagt: Ein Banker liest eine Bilanz nicht auf die gleiche Art wie Sie. Er stellt rasch ein paar Kopfrechnungen an (jaja, die können das!) und weiß innerhalb von Sekunden, wie Sie finanziell dastehen. Fragen Sie Ihren Banker oder Treuhänder, wie die Kennzahlen auszusehen haben, wenn er Sie weiterhin liebhaben soll.

Von den gewöhnlich Sterblichen unter Ihnen möchte ich mich hier schon verabschieden. Denken Sie daran: Geld ist schön... und Buchhaltung ein Kinderspiel!

Ich wünsche Ihnen viel Erfolg!

Kennzahlen für Fortgeschrittene (1)

Sicherheit

Verschuldungsgrad =
Fremdkapital **geteilt durch** Gesamtkapital

Eigenfinanzierungsgrad =
Eigenkapital **geteilt durch** Gesamtkapital

Finanzierung =
Fremdkapital **geteilt durch** Eigenkapital

Anlagedeckung A =
Eigenkapital **geteilt durch** Anlagevermögen

Anlagedeckung B =
Eigenkapital **plus** langfristiges Fremdkapital
geteilt durch Anlagevermögen

Rentabilität

Return on Asset=
Gewinn vor Zins, nach Steuern
geteilt durch Gesamtkapital

Return on Equity =
Reingewinn **geteilt durch** Eigenkapital

Kapitalumschlag =
Umsatz **geteilt durch** Gesamtkapital

CashFlow in Prozent =
CashFlow **geteilt durch** Umsatz

Buchhaltung – ein Kinderspiel!

	Kennzahlen für Fortgeschrittene (2)
Liquidität	Quick Ratio = Liquide Mittel, Wertschriften, Debitoren **geteilt durch** Kurzfristige Schulden (Richtgröße 1:1) Current Ratio = Umlaufvermögen **geteilt durch** Kurzfristige Schulden (Richtgröße 2:1) Cash Ratio (Liquiditätsgrad 1) = Liquide Mittel **geteilt durch** Kurzfristige Schulden Netto-Verschuldungsgrad = Schulden **minus** Liquide Mittel **minus** Debitoren **geteilt durch** CashFlow

Habe ich Sie also zum Schluß doch noch beeindrucken können? Machen Sie sich nichts draus. Sie haben mich genau so beeindruckt. Immerhin haben Sie ein ganzes Buch zu Ende gelesen!

Anhang 1: Das Buchungssatz-Paradies

Anhang 1
Das Buchungssatz-Paradies

Hier finden Sie die gängigsten Buchungssätze grafisch dargestellt. Dabei geht es mir nicht darum, Ihnen ein vollständiges Nachschlagewerk zu liefern. Die grafische Darstellung soll Ihnen lediglich helfen, daß Sie sich unter einem Buchungssatz etwas Konkretes vorstellen können.

Wenn Sie den Satz <Debitoren> an <Warenertrag> hören, dann sollte in Ihrem Kopf ein Bild mit vier Häusern entstehen, mit einem Pfeil von der linken Seite des linken oberen Hauses zur rechten Seite des rechten unteren Hauses. Sobald das der Fall ist, lassen Sie die Champagner-Korken knallen und feiern Sie Ihr neues Leben als Buchhaltungs-Profi!

Buchhaltung – ein Kinderspiel!

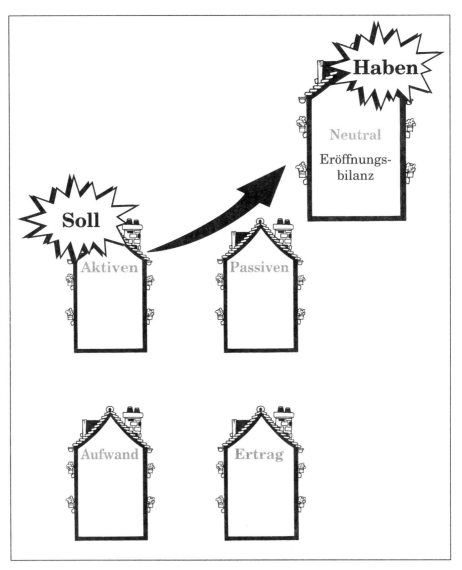

So wird am Anfang des Geschäftsjahres die Eröffnungsbilanz gebucht. Die Aktiven stehen im Soll...

Anhang 1: Das Buchungssatz-Paradies

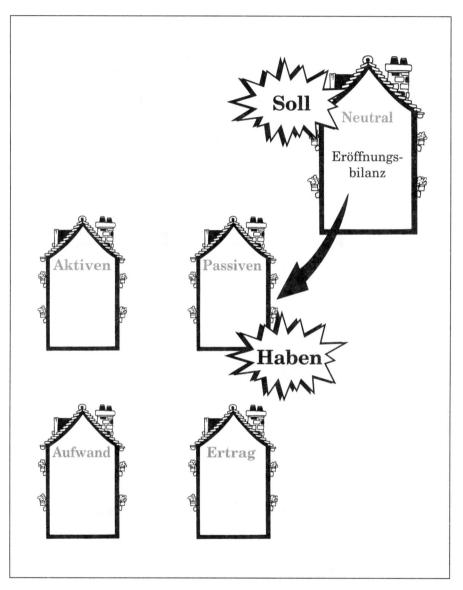

...und die Passiven logischerweise im Haben.

145

Buchhaltung – ein Kinderspiel!

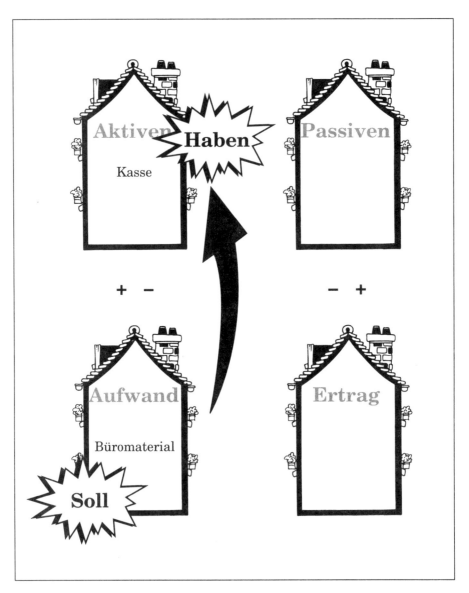

Wir kaufen Büromaterial, das wir bar bezahlen.

Anhang 1: Das Buchungssatz-Paradies

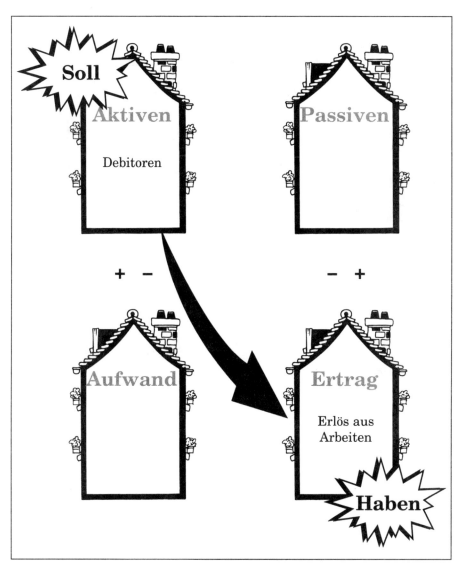

Wir schicken der Firma Röthlisberger eine Rechnung für Arbeiten, die wir für sie erledigt haben.

Buchhaltung – ein Kinderspiel!

Die Firma Röthlisberger zahlt die offene Rechnung auf unser Bankkonto ein.

Anhang 1: Das Buchungssatz-Paradies

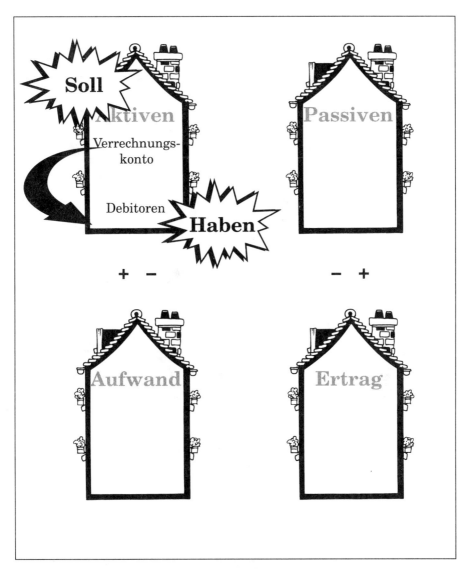

Die Firma Röthlisberger schlägt vor, daß wir ihre offene Rechnung mit Gegengeschäften verrechnen.

Buchhaltung – ein Kinderspiel!

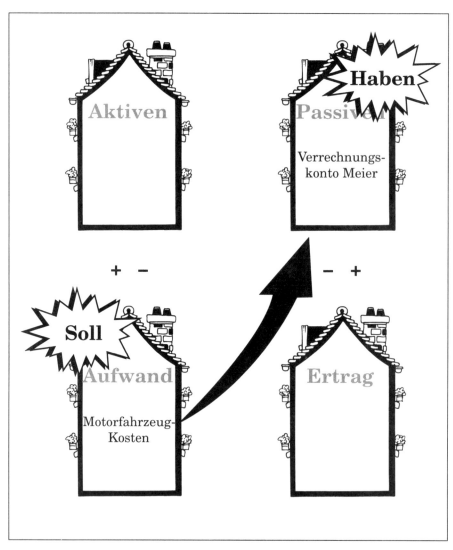

Wir haben von der Autowerkstatt Meier eine Rechnung für einen Auto-Service erhalten und schlagen vor, sie mit Gegengeschäften zu verrechnen.

Anhang 1: Das Buchungssatz-Paradies

Herr Fankhauser überweist seiner Sekretärin ihr wohlverdientes Gehalt.

Buchhaltung – ein Kinderspiel!

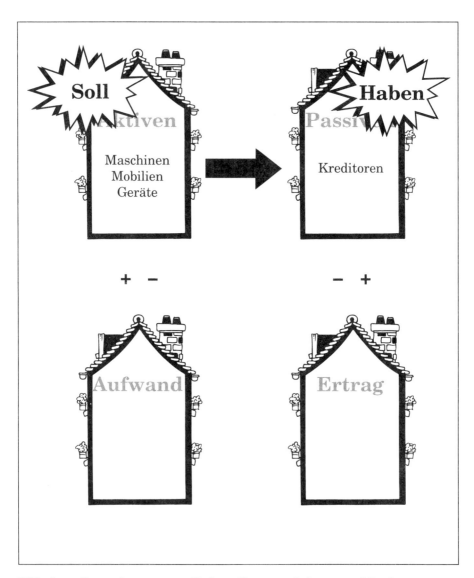

Wir kaufen eine neue Schreibmaschine und bekommen dafür eine Rechnung.

Anhang 1: Das Buchungssatz-Paradies

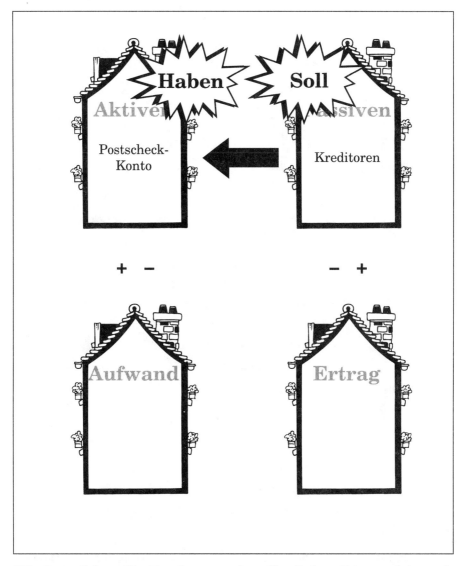

Wir bezahlen die Rechnung für die Schreibmaschine ab unserem Postscheck-Konto.

Buchhaltung – ein Kinderspiel!

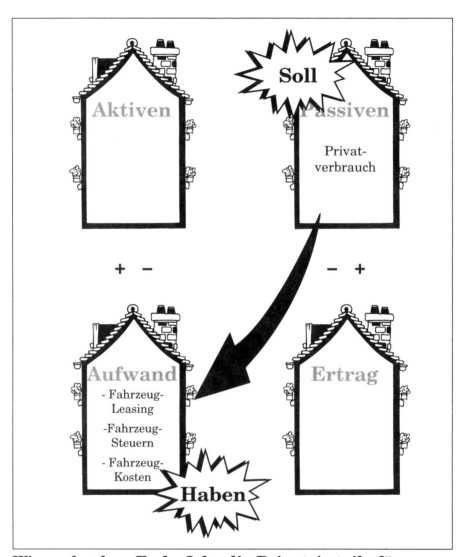

Wir verbuchen Ende Jahr die Privat-Anteile für unser Auto, das heißt diejenigen Anteile, wo wir das Auto für private Zwecke benutzt haben.

Anhang 1: Das Buchungssatz-Paradies

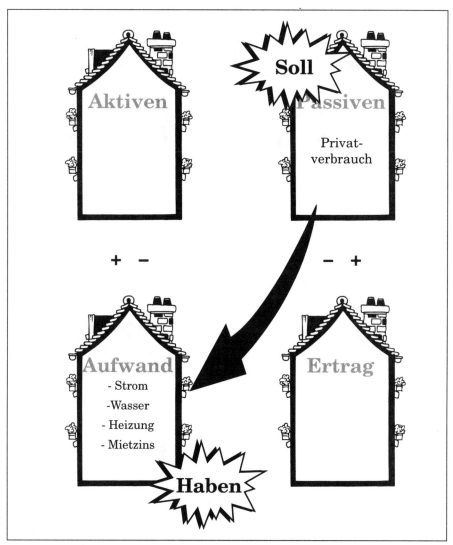

Wer sein Büro zu Hause hat, muß Ende Jahr die Privat-Anteile für Strom, Wasser, Heizung und Mietzins zurückbuchen.

Buchhaltung – ein Kinderspiel!

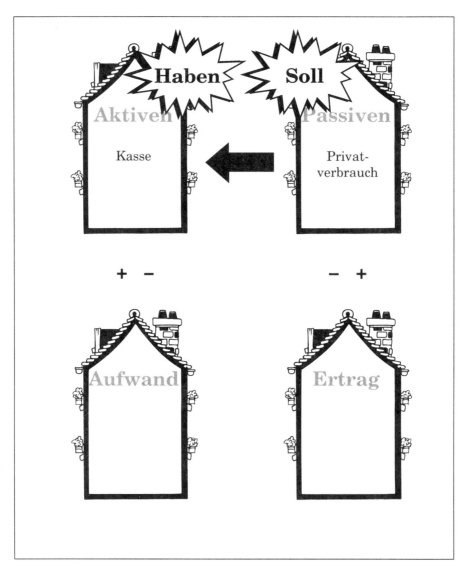

Nach dem Kassensturz wird der Fehlbetrag als Privatverbrauch gebucht.

Anhang 1: Das Buchungssatz-Paradies

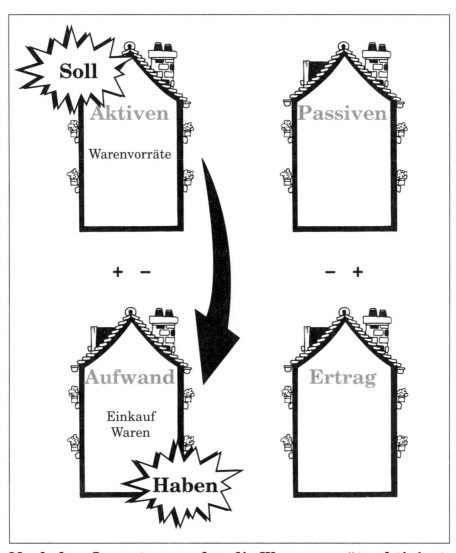

Nach dem Inventar werden die Warenvorräte aktiviert. Dadurch vermindert sich natürlich der Aufwand-Posten <Einkauf Waren>.

Buchhaltung – ein Kinderspiel!

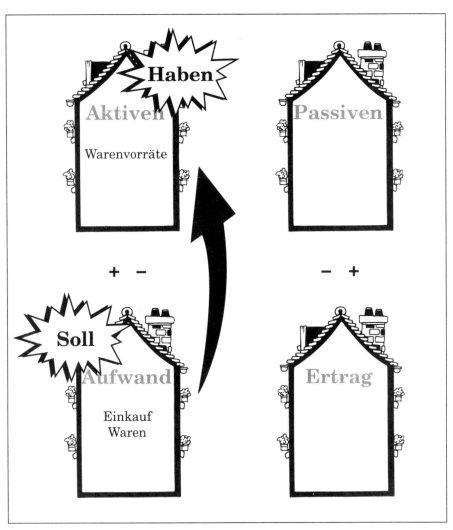

Das Aktiv-Konto <Warenvorräte> bleibt in der Regel bis zum Abschluß unverändert. Wenn die Vorräte jedoch zu stark abgenommen haben, bucht man sie zurück an das entsprechende Aufwand-Konto.

Anhang 1: Das Buchungssatz-Paradies

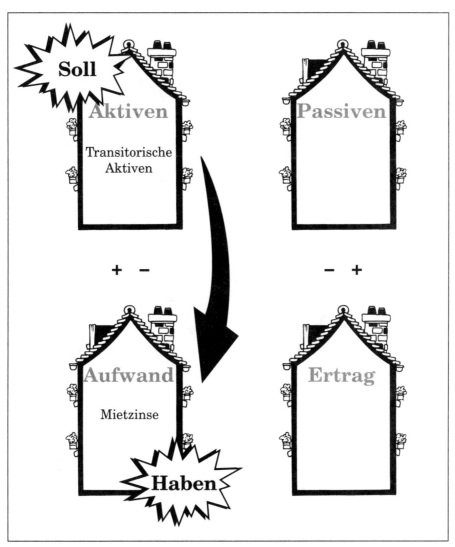

Ich habe einen Mietzins, der erst im nächsten Jahr fällig wäre, bereits in diesem Jahr bezahlt. Damit die Rechnung stimmt, werden Transitkonten zu Hilfe genommen.

Buchhaltung – ein Kinderspiel!

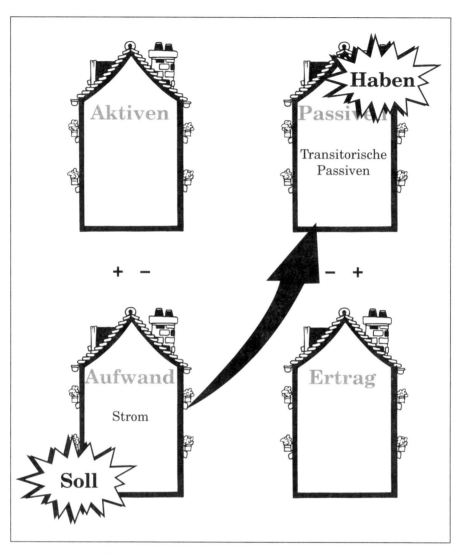

Wir haben die Stromrechnung für den Dezember noch nicht erhalten. Damit der Aufwand noch im alten Jahr erscheint, nehmen wir ein Transitkonto zu Hilfe.

Anhang 1: Das Buchungssatz-Paradies

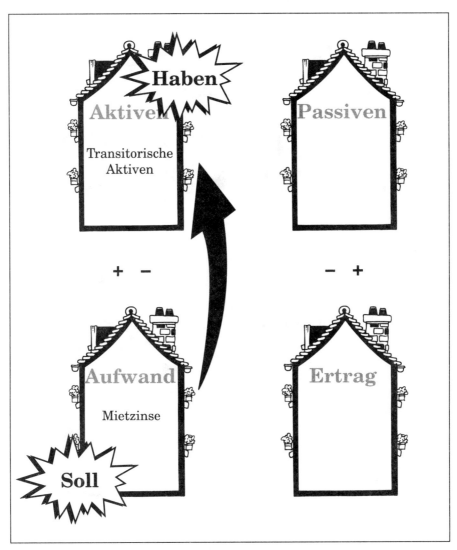

Zu Anfang des nächsten Jahres werden die Transit-Buchungen wieder rückgängig gemacht, das heißt, sie stehen nachher wieder auf null.

Buchhaltung – ein Kinderspiel!

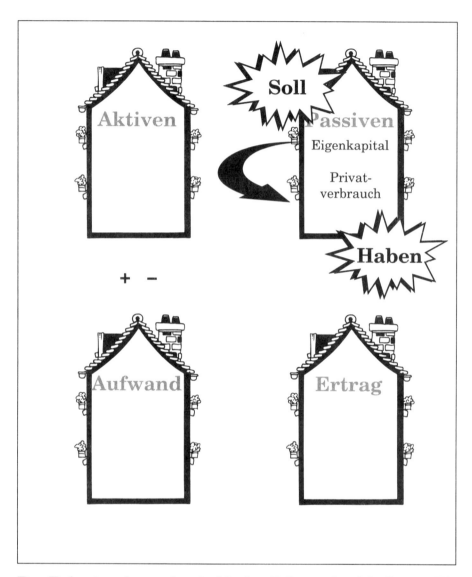

Der Privatverbrauch wird beim Jahresabschluß vom Eigenkapital abgezogen.

Anhang 1: Das Buchungssatz-Paradies

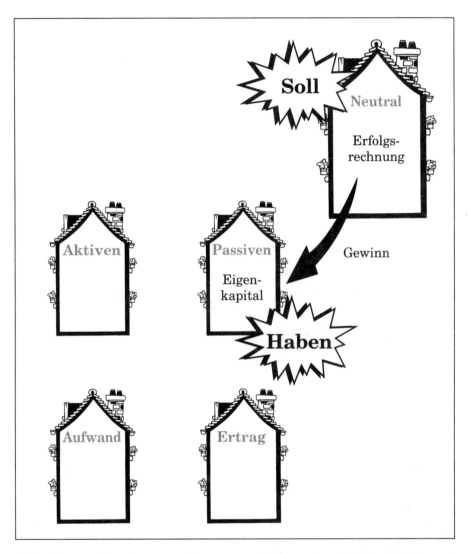

Mit dieser Buchung gelangen wir von der Schlußbilanz I zur Schlußbilanz II. Falls wir einen Verlust erzielt haben, lautet die Buchung genau umgekehrt.

Buchhaltung – ein Kinderspiel!

Anhang 2
Buchhalter-Kauderwelsch

Selbst wenn es sich hier nur um einen Anhang handelt: Dieses Buch hört nicht auf, witzig zu sein. Hier habe ich Ihnen ein paar Buchhalter-Begriffe aufgelistet, jeweils mit mehr oder weniger lustigem Kommentar. Bevor Sie mir deswegen schreiben: Ich habe die Begriffe absichtlich nicht alphabetisch geordnet, denn dies soll kein Nachschlagewerk sein. Als Nachschlagewerk verwenden Sie bitte Ihren Steuerberater! Wenn Sie dieses Buch bis hierher gelesen und verstanden haben, dann nehmen Sie sich ab jetzt jeden Tag drei Begriffe aus dem Kauderwelsch-Verzeichnis vor. Wenn Sie etwas nicht verstehen, löchern Sie Ihren Treuhänder. Und bitte laden Sie ihn ab und zu zum Essen ein; er hat es verdient!

Anhang 2: Buchhalter-Kauderwelsch

Bitte beachten Sie:
- Die <u>unterstrichenen</u> Konten müssen auch Anfänger verstehen. Der Rest ist eher für Fortgeschrittene.
- Gewisse Begriffe weichen absichtlich vom Kontenplan auf Seite 29 ab. Ich will, daß Sie das Prinzip begreifen und nicht am Buchstaben kleben. Okay?

Aktiv-Konten

<u>Kasse</u>
Das, was an Bargeld im Geschäft «herumliegt», egal, ob es tatsächlich in einer Kasse liegt oder nur in einem Geldbeutel oder in einer Schuhschachtel.

Besitzwechsel
In der Schweiz werden, vor allem in der Maschinen- und Textilindustrie, Wechsel zur Bezahlung von Rechnungen angenommen. Diese Wechsel gelten als Wertpapiere, das heißt, der Kunde, der den Wechsel unterzeichnet hat, kann bei Nichteinlösen des Wechsels mit der sogenannten «Wechselstrenge» betrieben werden. Alles klar? Mir auch nicht, aber ich arbeite ja auch nicht in der Maschinen- und Textilindustrie.

<u>Debitoren</u>
Bedeutet Guthaben von Kunden. Wenn Herr Fankhauser einem Kunden eine Rechnung schickt, dann bucht er die unter Debitoren, denn schließlich gehört das Geld bereits ihm, auch wenn sich der Kunde drei Monate Zeit läßt mit dem Bezahlen.

165

Buchhaltung – ein Kinderspiel!

Vorsteuer MWSt
MWSt heißt Mehrwertsteuer. Wenn Herr Fankhauser von einem Kunden eine Rechnung bekommt, auf der Mehrwertsteuer dazugeschlagen wurde, dann hat er diesen Steuerbetrag von der Steuerbehörde wieder zugut. Also wird er als Aktivposten aufgeführt.

Delkredere
Ein Konto, das erst beim Jahresabschluß gebraucht wird. Herr Fankhauser weiß aus Erfahrung, daß ein gewisser Prozentsatz der Rechnungen, die er verschickt, nicht bezahlt werden, weil der entsprechende Kunde zahlungsunfähig ist. Dieser Unsicherheitsfaktor wird beim Jahresabschluß berücksichtigt. In der Schweiz gelten die folgenden Richtwerte: 5% Delkredere auf Inland-Forderungen, 10% auf Ausland-Forderungen.

Vorauszahlungen an Lieferanten
Wenn Herr Fankhauser einem Lieferanten eine Vorauszahlung leistet, ohne von ihm eine Rechnung bekommen zu haben, dann muß er das irgendwo verbuchen, oder?

Verrechnungsteuer-Guthaben
Auf jedem Zins eines Bankguthabens zieht die Bank Ende Jahr einen Anteil Verrechnungssteuer ab. Diesen Betrag darf ich von der Steuerbehörde zurückfordern, vorausgesetzt, ich gebe das entsprechende Bankguthaben in der Steuererklärung ordnungsgemäß an. Dieses Verrechnungssteuer-Guthaben muß logischerweise irgendwo als Aktivposten verbucht werden.

Bargarantien
Als Herr Fankhauser vor sieben Jahren in sein neues Büro

zog, verlangte der Vermieter von ihm ein Mietzinsdepot von 5000 Franken. Das Geld gehört natürlich immer noch Herrn Fankhauser, und er bekommt es auch samt Zinsen zurück, wenn er in ein anderes Büro zieht (Es sei denn, er habe das Büro so sehr verwüstet, daß der Vermieter das Geld braucht, um die Räumlichkeiten wiederherzustellen)

Kurzfristige Darlehen
Wenn Herr Fankhauser einem Geschäftskollegen für ein paar Monate etwas Geld pumpt, dann ist das ein kurzfristiges Darlehen.

Vorräte Handelswaren
Ende Jahr möchte man ja genau wissen, wie man steht. Deshalb führt man eine Inventur durch. Das heißt, man geht durchs Lager und schaut, was noch alles da ist. Das ergibt dann das Waren-Inventar. Dieser Betrag wird folgendermaßen gebucht: <Vorräte Handelswaren> an <Handelswaren-Einkauf>. Bei Firmen mit einem grossen Warenlager ist das eine ziemlich wichtige Geschichte. Wenn man keine Vorräte buchen würde, sähe es nämlich aus, als ob die Firma bankrott sei.

Vorräte Material
Wie <Vorräte Handelswaren>, nur daß es sich hier nicht um fertige Handelswaren handelt, sondern zum Beispiel um Rohstoffe.

Vorräte Hilfs- und Betriebsmaterial
Wie <Vorräte Handelswaren>, aber hier geht es um Büro- und Verbrauchsmaterial. Siehe auch <Hilfsmaterial-Einkauf>

Buchhaltung – ein Kinderspiel!

Reserven auf Vorräten
Dieses Konto wird von Herrn Fankhauser nicht benutzt. Falls es Sie dennoch interessiert:
Wenn zum Beispiel ein Warenlager Fr. 100'000.— wert ist und zu Fr. 70'000.— bewertet wird, so würde das Konto <Vorräte Handelswaren> einen Aktivsaldo von Fr. 100'000.— das Konto <Reserven auf Vorräten> einen Passivsaldo von Fr. 30'000.— ausweisen.

Angefangene Arbeiten
Herr Fankhauser hat Ende Jahr die Hälfte eines grossen Auftrages schon fertiggestellt, aber noch keine Rechnung geschickt. Das Geld dafür hat er sich aber trotzdem schon im alten Jahr erarbeitet. Also bucht er das hier. Wenn der gesamte Auftrag 30'000 Franken wert ist, und er hat die Hälfte fertig, dann bucht er 15'000 Franken. Der Buchungssatz? <Angefangene Arbeiten> an <Erlös aus Arbeiten>.

Transitorische Aktiven
Klingt kompliziert. Ist aber ganz einfach. Wenn Herr Fankhauser Ende Jahr feststellt, daß er zum Beispiel eine Monatsmiete bereits fürs nächste Jahr bezahlt hat, dann bucht er <Transitorische Aktiven> an <Mietzinsen Raummiete>. Zu Anfang des nächsten Jahres bucht er das Gegenteil, <Mietzinsen Raummiete> an <Transitorische Aktiven>. Damit ist das Transitkonto wieder auf null und der Mietzins-Aufwand da, wo er hingehört.

Grundstücke
Wenn Herr Fankhauser ein Stück Land besitzt, gehört das ins Vermögen.

Anhang 2: Buchhalter-Kauderwelsch

Liegenschaft
Wenn auf dem Stück Land ein Haus steht, ist das auch ein Aktivposten.

Bauliche Einrichtungen
Eine bauliche Einrichtung ist zum Beispiel ein Hochregallager. Es drängt sich auf, so etwas separat aufzuführen, weil es am Ende des Jahres zu einem anderen Satz abgeschrieben wird als beispielsweise eine Maschine.

Neubau-Konto
Wer einen größeren Neubau plant, tut gut daran, das Baukonto getrennt zu führen.

Maschinen
Maschinen sind logischerweise ein Aktivposten.

Betriebseinrichtungen
Es gibt Dinge im Betrieb, die man nicht als Maschinen bezeichnen kann, aber die dennoch einen Vermögenswert besitzen. Beispiele: Eine digitale Telefonanlage oder ein Kabel-Netzwerk für Computer. Wenn man für die Installation solcher Dinge viel Geld bezahlen muß, und wenn man sie einem allfälligen Nachmieter verkaufen könnte, sollte man sie aktivieren.

Mobiliar
Mobiliar ist ein anderes Wort für Möbel. Alles klar?

Fahrzeuge
Auch das müßte klar sein. Alles, was fährt: Lastwagen, Autos, Fahrräder und was sonst noch alles kreucht und fleucht.

169

Buchhaltung – ein Kinderspiel!

Wenn Herr Fankhauser sein Auto im Leasing bezieht und 3000 Franken Kaution zahlen muß, dann wird die Kaution in den Aktiven unter <Fahrzeuge> oder eben <Kautionen> gebucht .

Beteiligungen
Herr Fankhauser investiert 10'000 Franken in die Firma eines Kollegen. Logisch, daß er diese 10'000 Franken als Vermögen anführt, denn das Geld gehört immer noch ihm. Wenn der Kollege ihm am Ende des Jahres mitteilt, er habe Verlust gemacht und könne die Hälfte des Geldes in den Kamin schreiben, dann muß Herr Fankhauser ein neues Aufwand-Konto eröffnen, nämlich <Verlust durch Beteiligungen>. Und die Buchung lautet dann: 5000 Franken <Verlust durch Beteiligungen> an <Beteiligungen>.

Wertschriften
Ist klar, oder? Aktien, Obligationen, Pfandscheine und wie sie alle heißen. Wenn es einen Börsen-Crash gibt und Herrn Fankhausers Aktien auf einmal 5000 Franken weniger wert sind, dann lautet die Buchung: <Shit-schon-wieder-ein-Börsen-Crash> an <Wertschriften>. Sorry, das war natürlich ein Witz. Das Aufwand-Konto würde <Kursverluste> oder so ähnlich heißen.

Aktiv-Darlehen
Wenn Herr Fankhauser jemandem Geld pumpt, dann bucht er das als Aktiv-Darlehen. Warum er es Aktiv-Darlehen nennt? Ganz einfach: Damit er es nicht mit einem Passiv-Darlehen verwechselt. Ein Passiv-Darlehen ist nämlich, wenn Herr Fankhauser sich von jemand anderem Geld leiht. Das wäre ja dann Fremdkapital und gehörte demnach in die Passiven.

Anhang 2: Buchhalter-Kauderwelsch

Patente, Lizenzen
Ein Patent oder eine Lizenz kann man jederzeit zu Geld machen. Also gehört so etwas in die Aktiven. Genauso müßte ein Buchautor zum Beispiel die Rechte an seinen Büchern aktivieren.

Goodwill
Heißt übersetzt <Guter Wille>. Herr Fankhauser hat zum Beispiel eine sehr gut gepflegte Stammkunden-Datei und sein Büro befindet sich außerdem an einem sehr attraktiven Standort. Sollte er sein Geschäft einmal verkaufen wollen, dann würde ihm der Käufer zusätzliches Geld als <Goodwill> zahlen. Man könnte dieses Konto auch <immaterielles Anlagevermögen> nennen.

Passiv-Konten

Nicht einbezahltes Aktienkapital
In der Schweiz ist es möglich, eine Aktiengesellschaft mit einem Aktienkapital von Fr. 100'000.— mit nur Fr. 50'000.— zu gründen. Auf jede Aktie entfällt dann eine Schuld von 50 % des Nominalwertes, für welche der Inhaber der Aktie persönlich haftbar ist. Diese Schuld muß gemäß Obligationenrecht zwingend ausgewiesen werden.

Gründungskosten
Die bei der Gründung einer Gesellschaft anfallenden Kosten (Notariat, Treuhänder, Handelsregistergebühren) werden auf dieses Konto gebucht und dann nach und nach abgeschrieben, normalerweise innerhalb von fünf Jahren..

Buchhaltung – ein Kinderspiel!

Kreditoren

Lieferantenschulden. Wenn Herr Fankhauser zum Beispiel von einem Lieferanten eine Rechnung für Verbrauchsmaterial bekommt, dann lautet die Buchung <Material-Einkauf> an <Kreditoren>. Wenn Herr Fankhauser die Rechnung bezahlt hat, bucht er den Betrag <Kreditoren> an <Guthaben Bank>.

Kreditor MWSt

Es ist sinnvoll, die Mehrwertsteuer-Behörde als separaten Kreditor zu führen. Zu Ende des Abrechnungsquartals wird dann der Aktivposten <Vorsteuer MWSt> mit den <Kreditoren MWSt> verrechnet. Zu kompliziert? Das ist nicht so schlimm. Fragen Sie Ihren Buchhaltungs-Experten.

Vorauszahlungen von Kunden

Wenn Herr Fankhauser von einem Kunden eine Vorauszahlung bekommt, dann ist das Fremdkapital und damit ein Passivposten.

Verrechnungskonto Personalfürsorge

Dient der Erfassung des Zahlungsverkehrs mit der Pensionskasse. Muß man das wissen? Nein, muß man nicht. Erst dann, wenn man's braucht.

Dividende

Wenn Herr Fankhauser eine Aktiengesellschaft leitet und einen Gewinn erzielt, muß (oder darf) er den Aktionären Gewinn-Anteile oder eben Dividenden bezahlen.

Schuld Bank A

Zum Beispiel ein Kontokorrent, was so ziemlich jede Firma

Anhang 2: Buchhalter-Kauderwelsch

hat. Außer den wenigen Exoten, die zu 100 Prozent eigenfinanziert sind.

Transitorische Passiven
Das Gegenstück zu <Transitorische Aktiven>. Beispiel: Wenn Herr Fankhauser Ende Jahr merkt, daß er die Stromrechnung für den Dezember noch nicht bekommen hat, bucht er den Betrag von <Strom, Gas, Wasser> an <Transitorische Passiven>. Zu Anfang des nächsten Jahres macht er das Gegenteil, nämlich <Transitorische Passiven> an <Strom, Gas, Wasser>. Damit ist das Transitkonto wieder auf null.

Ratazinsen
Wird zum Beispiel ein Darlehenszins per 30. Mai nächsten Jahres fällig, so sind per Jahresabschluß 31. Dezember 7 Monate Zins für dieses Darlehen auf dieses Konto zu buchen.

Rückstellungen
Wer mit Waren handelt und Garantien abgibt, darf zum Beispiel einen Prozentsatz des Warenumsatzes als Garantie-Rückstellung buchen.

Eigenkapital / Passivenüberschuß
In einer Einzelfirma heißt das schlicht und ergreifend <Eigenkapital>. Wie man es ermitteln kann? Zählen Sie sämtliche Aktivposten zusammen und ziehen Sie das Fremdkapital ab.

Aktienkapital
Gilt nur für Aktiengesellschaften. Ach, Sie haben eine? Dann wissen Sie ja Bescheid.

Buchhaltung – ein Kinderspiel!

Gesetzliche Reserve
Gilt für Aktiengesellschaften und Genossenschaften. Sie beträgt jährlich 5 Prozent des Reingewinns, bis 20 Prozent des Aktienkapitals erreicht sind.

Freie Reserve
Gewinn der Gesellschaft zur freien Verfügung.

Privatverbrauch
Alles, was man privat verbraucht. Darauf wären Sie nie gekommen, oder? Übrigens, fragen Sie Ihren Treuhänder, was Sie alles unter privat buchen müssen. Beispiel: Nicht jedes Kleid, das Sie kaufen, ist ein Privatverbrauch. Wenn Sie Maßanzüge kaufen *müssen*, weil Sie Ihrer Kundschaft nicht in Jeans gegenübertreten dürfen, dann können Sie einen Teil davon in einem Aufwandkonto <Arbeitskleidung> buchen.
Auf der anderen Seite werden zum Beispiel in der Schweiz Krankenkassenbeiträge von Betriebsinhabern in der Regel unter <Privatverbrauch> gebucht und in der Steuererklärung separat aufgeführt.
Also nochmals: Nicht verzagen, Treuhänder fragen!

Private Steuern
Werden bei Einzelfirmen in der Regel unter <Privatverbrauch> gebucht.

Kontrollkonto
Wenn z.B. Geld von einem Bankkonto für die Kasse bezogen wird, dann wird dieser Vorfall bei der Bank und der Kasse separat gebucht. Das Kontrollkonto muß deshalb immer einen Saldo von Null aufweisen, außer wenn z.B. von der Bank Fr.

Anhang 2: Buchhalter-Kauderwelsch

1000.— bezogen aber nur Fr. 900.— in die Kasse gelegt werden. Deshalb der Begriff *Kontroll*konto.
Brauchen wir sowas Kompliziertes? Ich jedenfalls nicht.

Aufwand-Konten

Einkaufsspesen
Wenn Herr Fankhauser eine Lieferung mit Büromaterial bekommt und 50 Franken Versandkosten bezahlt, dann bucht er das hier.

Fremdarbeiten
Arbeiten, die durch Dritte erledigt werden. Wenn Herr Fankhauser beispielsweise einen Auftrag von einem Kollegen erledigen läßt, der ebenfalls eine Firma besitzt, dann bucht er das hier. Unter <Fremdarbeiten> sollte man nur Arbeiten buchen, bei denen keine Sozialleistungen für die Firma anfallen.

Löhne
Alle Lohnzahlungen an Voll- und Teilzeit-Angestellte.

Lohnzulagen
Falls man Lust hat, diese separat aufzuführen.

Gratifikationen
Wenn Herr Fankhauser seiner Sekretärin zu Weihnachten einen Nerzmantel schenkt, dann ist das nicht nur eine Gratifikation, sondern auch äußerst verdächtig!

175

Buchhaltung – ein Kinderspiel!

Verrechnungs-Konto Löhne
Auch so ein Verrechnungs-Konto, das man braucht, wenn man's braucht.

Unfall- u. Krankenversicherung
Herr Fankhauser ist gesetzlich verpflichtet, für seine Sekretärin eine Unfall-Versicherung abzuschließen. Die Prämienbeiträge bucht er hier als Aufwand.

AHV, ALV, FAK
In der Schweiz die obligatorische Alters- und Hinterlassenen-Versicherung. Bei Einzelfirmen darf auch der Beitrag des Betriebsinhabers hier verbucht werden.
Liebe Leser in Deutschland und Österreich, Sie müssen halt herausfinden, wie das Ding bei Ihnen heißt.

Personalvorsorge
Zusätzliche Personalvorsorge-Leistungen wie Pensionskasse etc.

Sozialzulagen
Zum Beispiel Kinderzulagen, die man an die Angestellten zahlt.

Personal-Nebenkosten
Was? Nebenkosten produzieren die auch noch?

Rückvergütung Personalversicherung
Rückvergütung der Versicherung für Krankheits- und Unfall-Fälle (Unfall-Fälle?) im Betrieb.

Anhang 2: Buchhalter-Kauderwelsch

Quellensteuern
Also, der Große Brockhaus sagt dazu folgendes: «Erhebungs-form der Einkommenssteuer für bestimmte Einkünfte, bei de-ren Auszahlung an den Empfänger die Steuer gleich einbehal-ten wird. Steuerschuldner bleibt juristisch der Empfänger der Einkünfte; der Auszahler haftet für die Einbehaltung und Ab-führung. In Deutschland gilt die Quellensteuer zum Beispiel für die Lohnsteuer und die Kapitalertragssteuer.»
Deutschland, Deutschland, wohin gehst du?

Abschreibungen
Wertverminderungen an Aktivposten, die man jährlich vor dem Abschluß vornimmt. Vergleichen Sie dazu auch Kapitel 8 «Der Jahresabschluß – no problem!»

Leasing Fahrzeuge
Ja, sehen Sie, da liegt eben der Vorteil des Leasings. Man kann es als Aufwand von der Steuer absetzen.

Kapitalzinsen, Bankspesen
Jawohl, wenn man Schulden hat, darf man die Zinsen dafür ebenfalls als Aufwand abziehen. Dazu gehört übrigens auch die Jahresgebühr für die Kreditkarte.

Unterhalt Anlagen
Auch Anlagen wollen unterhalten werden. Versuchen Sie's doch mal mit volkstümlicher Unterhaltung!

Betriebsaufwand Fahrzeuge
Jeder Tropfen Benzin und Öl, jeder Ersatzreifen und jede Auto-wäsche wird hier aufgeführt.

177

Buchhaltung – ein Kinderspiel!

Sachversicherungen
Alle Versicherungen, die man nie braucht, wenn man sie hat und die man nie hat, wenn man sie braucht.

Gebühren und Abgaben
Allerlei so Zeugs eben.

Strom, Gas, Wasser
Tja, was könnte damit wohl gemeint sein?

Wäsche und Reinigung
Auch Büroreinigung gehört dazu. Und wenn ich selber putze, dann will ich hier wenigstens das Putzmaterial einsetzen.

Information und Ausbildung
Auch Fachliteratur gehört hier dazu.

Rechts- u. Buchführungskosten
Der wichtigste Posten (für Ihren Treuhänder zumindest)

Vertreterspesen
Vertreter verbrauchen leider nicht nur Benzin wie die Wilden. Sie pflegen auch noch fein zu essen.

Geschäftsspesen
Gottseidank. Auch Sie dürfen fein essen gehen. Und wenn Sie behaupten, daß es ein Geschäftsessen war, dann dürfen Sie es als Aufwand absetzen. Ich habe mir sagen lassen, es gebe in Deutschland Steuerfahnder, die abklären, mit wem so ein Essen stattgefunden hat und ob wirklich jeder übers Geschäft geredet hat. Deutschland, deine Sorgen möcht' ich haben...

Anhang 2: Buchhalter-Kauderwelsch

Dienstleistungen Dritter
Wenn Sie einen Killer engagieren, um besagten Steuerfahnder umzubringen, dann dürfen Sie sein Honorar hier einsetzen. (Ein amüsantes Detail am Rande: Ausgerechnet der «Derrick»-Fan unter meinen Finanz-Experten fand das ein schlechtes Beispiel für Dienstleistungen Dritter! Außerdem warnt er: «Die Kosten für den Killer dürfen Sie nur als Aufwand buchen, wenn sie betrieblich begründet sind. Sonst sind sie unter <privat> zu buchen.» Merken wir uns das!)

Direkte Steuern
Die Steuern einer juristischen Person wie GmbH, Aktiengesellschaft, oder Genossenschaft.
Diese sind in den meisten Schweizer Kantonen (nicht allen) als Betriebsaufwand absetzbar.

Ertrags-Konten

Warenertrag 6.5
Wegen der Mehrwertsteuer drängt es sich auf, den Warenertrag einzuteilen in solchen, der mit 6,5% versteuert wird, und solchen, der nur mit 2% zu Buche schlägt.
Deutschland und Österreich, für Sie gelten vermutlich andere Zahlen. Nicht verzagen, Steuerberater fragen. Wie heißen die in Österreich eigentlich? Oberkonsistorialrat oder wie?

Warenertrag 2.0
Siehe oben.

Buchhaltung – ein Kinderspiel!

Warenertrag Export
Was exportiert wird, ist nicht mehrwertsteuer-pflichtig. Daher sollte man Lieferungen ins Ausland getrennt aufführen.

Erlös aus Arbeiten
Ja, wo gearbeitet wird, da wird auch Geld verdient. Merken Sie sich das!

Rabatte und Skonti
Das sind Preisnachlässe, die Sie Ihren Kunden gewähren. Sie haben völlig recht: Das wäre eigentlich ein Aufwandkonto. Aber die meisten Buchhalter nennen es eine Ertragsminderung und führen es als Minuskonto beim Ertrag.
Übrigens... bieten Sie lieber Service statt Rabatt!

Debitoren-Verluste
Auch das ist ein Minuskonto. Wenn einer unserer Kunden nicht zahlen kann, dann müssen wir diesen Verlust zähneknirschend in dieses Konto buchen.

Betriebsfremder Erfolg
Wer zum Beispiel eine Liegenschaft besitzt und damit Geld verdient, kann die entsprechenden Aufwände und Erträge in diesen Konten buchen. Es empfiehlt sich jedoch eine separate Liegenschafts-Buchhaltung.

Kapitalertrag
Wenn das Geld für uns arbeitet und einfach Zinsen abwirft, müssen wir das als Einkommen deklarieren. Merke: Selbst wenn man auf der Bank sitzt und nichts tut, wird man zur Kasse gebeten.

Anhang 2: Buchhalter-Kauderwelsch

Rente
Sogar die muß man als Ertrag versteuern. Sauerei!

EO Betriebsinhaber
Erwerbsersatzordnung. Vergütungen für den Betriebsinhaber für Militär- oder Zivilschutztätigkeit. Wenn Herr Fankhauser drei Wochen Militärdienst leistet, genügt es nicht, daß er drei Wochen lang nichts tut. Er bekommt auch noch Geld dafür, das er natürlich als Ertrag buchen muß.

KZ Betriebsinhaber
KZ heißt nicht Krankenzimmer, sondern Kinderzulagen. Wenn sich der Betriebsinhaber selber Kinderzulagen auszahlt, dann muß er das hier als Ertrag buchen. Übrigens... Herr Fankhauser meint, vom wirtschaftlichen Standpunkt her sei Kinderkriegen unrentabel.

Taggelder Betriebsinhaber
Dasselbe in grün. Wenn Herr Fankhauser krank ist und von seiner Versicherung Taggelder bezieht, muß er das als Ertrag buchen.

Neutrale Konten

Abschlußkonto (auch: Schlußbilanz)
Okay, mal sehen, ob wir das hinkriegen:
Nach dem Jahresabschluß einer Einzelfirma gibt es eine sogenannte Schlußbilanz I. Sie weist den Gewinn separat aus. Anschließend wird der Gewinn zum Kapital dazugeschlagen und der Privatverbrauch vom Kapital abgezählt (<Erfolgsrech-

181

nung> an <Eigenkapital>), und das nennt sich dann Schlußbilanz II. Sie ist gleichzeitig die Eröffnungsbilanz fürs kommende Jahr.

Eröffnungskonto (auch:Eröffnungsbilanz)
Wenn man eine neue Buchungs-Periode eröffnet, braucht es für die Bilanzposten ein neutrales Gegenkonto. Weshalb? Schwer zu sagen. Aber sobald man eine neue Buchungs-Periode eröffnet, leuchtet es einem schlagartig ein.

Anhang 3: Erste Hilfe für Buchhaltungs-Patienten

Anhang 3
Erste Hilfe für Buchhaltungs-Patienten

Wenn Sie Bücher oder Kassetten bestellen oder ein Zimmermann-Seminar buchen möchten, dürfen Sie das gerne tun. Hier ist die Adresse:

apm Vertrieb und Seminare
Bernstr. 217
CH-3052 Zollikofen
Telefon (031) 911 48 48
Fax (031) 911 49 00
E-Mail walker.apm@spectraweb.ch

Buchhaltung – ein Kinderspiel!

Falls Sie über einen Internet-Anschluß verfügen, sind Sie herzlich eingeladen, sich zusätzliche Gratis-Tips von unserer Homepage zu holen:
http://www.hpz.com/apm/

Wenn Sie mir sagen möchten, wie gut Ihnen dieses Buch gefällt, dürfen Sie mir auch direkt nach Amerika schreiben:

Hans-Peter Zimmermann
63 Calle de Industrias, Suite 113
San Clemente CA 92672 (USA)
Fax (714) 492-6744
E-Mail hpz@hpz.com

Zum Schluß habe ich eine Bitte an Sie. Ich habe dieses Buch geschrieben, weil ich wollte, daß es endlich ein locker geschriebenes Werk zum Thema Buchhaltung gibt. Aber denken Sie daran: Ich bin kein Buchhalter und schon gar kein Bücher-Experte. Und ich möchte mich auch nicht mit kniffligen Buchhaltungsfragen auseinandersetzen. Sie finden nachfolgend eine Liste von Spezialisten, die mir bei Fachfragen geholfen und das Manuskript geprüft haben. Wenn Sie Hilfe brauchen, wenden Sie sich bitte an einen von ihnen:

Anhang 3: Erste Hilfe für Buchhaltungs-Patienten

Buchhalter / Treuhänder mit eigenem Treuhand-Büro:

Treuhand Accola + Co
Hansjörg Accola
lic. rer. pol.
Amthausgasse 28
CH-3011 Bern
Telefon (031) 311 04 66
Fax (031) 312 30 13

UTAG Treuhand AG
Josef Imbach
Industriestr. 10
CH-6010 Kriens
Telefon (041) 349 10 10
Fax (041) 349 10 15

Vario-Treuhand
Peter Zinniker
Brunnweg 11
CH-3203 Mühleberg
Telefon (031) 751 15 53
Fax (031) 751 15 53
E-Mail 100720.3405@compuserve.com

Buchhaltung – ein Kinderspiel!

Buchhalter (angestellt):

Mark Bühler
Buchhalter mit eidg. Fachausweis
Eichrüti 8
CH-6330 Cham
Telefon (041) 780 85 40
E-Mail 70042.2612@compuserve.com

Banker (angestellt):

Bernhard Lehmann
Firmenkundenberater BKB
Dorfmärit 17
CH-3065 Bolligen
Telefon (031) 922 14 03

Finanzplanung / Finanzberatung:

Tectron AG
Roland Frey
Gewerbepark
CH-5506 Mägenwil
Telefon (062) 889 89 89
Fax (062) 889 89 79

Anhang 3: Erste Hilfe für Buchhaltungs-Patienten

Lieferant des Mac-Programms Cashbox™:

Peter Lerch
PELE Computer
Bahnhofstr. 47
CH-4914 Roggwil BE
Telefon (063) 49 10 11
Fax (063) 49 32 48
e-mail: plerch@access.ch

Treuhänder mit Fachkenntnissen auf Cashbox™:

Heinz Vogelsanger
Zerozero Treuhand AG
Goldbrunnenstr. 111
CH-8055 Zürich
Telefon (01) 461 50 57
Fax (01) 462 80 85
E-Mail zerozerotreuhandag@access.ch

Lieferant des Windows-Programms CM-Fibu:

Memag AG
Josef Mehr
Grünfeldstr. 1
CH-6208 Oberkirch
Telefon (041) 925 70 70
Fax (041) 925 70 79

Buchhaltung – ein Kinderspiel!

Hersteller des Windows-Programms CM-Fibu:

Corner-Mountain AG
Stephan Eggenberger
Hirschengraben 40
CH-6003 Luzern
Telefon (041) 249 44 11
Fax (041) 249 44 12
EMail corner_mountain@msn.com

Herausgeber des Fachmagazins «Finanzen» und
vieler anderer nützlicher Publikationen:

Franz Schnyder
Verlag Organisator AG
Flüelastr. 47
CH-8047 Zürich
Telefon (01) 401 12 12
Fax (01) 401 08 15
E-Mail 100712.3614@compuserve.com
WWW http://www.hpz.com/apm/organisator

Stichwort-Verzeichnis

A

Abschlußkonto 181
Abschreibungen 67, 68, 70, 177
Abschreibungssätze 73
Addition 12
AHV, ALV, FAK 176
Aktien 170
Aktiengesellschaft 9, 94
Aktienkapital 25, 173
Aktiv-Darlehen 170
Aktiv-Konten 165
Aktiven 15, 16, 36
aktivieren 64
Aktivposten 16, 69
Angefangene Arbeiten 168
Anlagedeckung A 141
Anlagedeckung B 141
Anlagevermögen 17
Aufwand 21, 24, 36
Aufwand-Konten 175
Aufwandposten 21

Buchhaltung – ein Kinderspiel!

Aufwandüberschuß 24
Ausstrahlung 127

B
Bank-Angestellte 121
Bank-Sachbearbeiter 103
Banker 103, 121
Bankkonto 56
Bankkredit 121
Bankspesen 177
Bargarantien 166
Bauliche Einrichtungen 169
Belegnumnmer 112
Besitzwechsel 165
Beteiligungen 170
Betriebsaufwand 177
Betriebseinrichtungen 169
Betriebsfremder Erfolg 180
Betriebsklima 127
Bilanz 14, 21, 36
Börsen-Crash 170
Buchhalter 17
Buchhaltungs-Diplom 103
Buchhaltungs-Programm 35, 103, 106
Buchhaltungs-Unterricht 36
Buchung 33, 36
Buchungs-Journal 38
Buchungsnummer 112
Buchungsperiode 119
Buchungssatz 33, 35, 42, 54, 55
Budget 124, 136

Stichwort-Verzeichnis

C
Cash Ratio 142
Cashbox™ für Macintosh 108
CashFlow 141
Checkliste für den Jahresabschluß 94
CM-Fibu für Windows 116
Computer 39, 45, 49
Computer-Programme 106
Current Ratio 142

D
Debitoren 52, 56, 165
Debitoren-Verluste 180
degressive Abschreibung 71
Delkredere 166
Die drei Säulen eines Betriebes 126
Dienstleistungen Dritter 179
Direkte Steuern 179
Diskette 107
Dividende 172
doppelte Buchhaltung 38

E
Eigenfinanzierungsgrad 21, 141
Eigenkapital 15, 22, 24, 26, 96, 173
Einkaufsspesen 175
Einstandspreis 135
Einzelfirma 9, 96
EO 181
Erfolgsrechnung 24, 25, 36, 49, 181
Eröffnungsbilanz 46, 49, 96, 182

Buchhaltung – ein Kinderspiel!

Eröffnungskonto 182
Ertrag 24, 36
Ertrags-Konten 179
Ertragsüberschuß 26
Erwerbsersatzordnung 181
Export 180

F
Fahrzeuge 169
Finanzen 127
finanzielle Engpässe 124
Finanzierung 121, 141
Freie Reserve 174
Fremdarbeiten 175
Fremdfinanzierungsgrad 22
Fremdkapital 21, 22
Fünf Todsünden im Umgang mit Banken 122

G
Gehalt 62
Geschäftsjahr 71
Geschäftsspesen 178
gesetzliche Limiten 71
gesetzliche Limiten für Abschreibungen 71
gesetzliche Reserve 174
gesetzliche Vorschriften 95
Gewinn 25, 26
Goodwill 171
Gratifikationen 175
Grundstücke 168
Gründungskosten 171

Stichwort-Verzeichnis

H

Haben 33, 36
Handelslehrer 103
Hauptbuch 39

I

immaterielles Anlagevermögen 132, 171
Information und Ausbildung 178
Internet 133
Inventar 83

J

Jahresabschluß 68, 71, 73, 181

K

Kapital 25
Kapitalertrag 180
Kapitalkonto 25
Kapitalumschlag 141
Kapitalzinsen 177
Kapitalzuwachs 102
Kasse 165
Kassen-Aufnahmeprotokoll 115
Kassenbuch 12
Kassensturz 80
Kautionen 170
Kennzahlen 140
Kinderzulagen 181
Klein-Unternehmer 124
Kleinbetrieb 122
Kollektivgesellschaft 9

Kommunikation 127
Konkurrenz 134
Konkurrenz-Situation 133
Kontenarten 36
Kontenblätter 39
Kontenklassen 110
Kontenplan 28, 29, 33, 49
Kontoauszug 40, 114
Kontokorrent 172
Kontonummern 113
Kontrollkonto 174
Kredit 121, 140
Kreditgesuchsteller 122, 131
Kreditor MWSt 172
Kreditoren 64, 172
Kundenguthaben 52
Kurzfristige Darlehen 167
KZ 181

L
Leasing 170, 177
Lieferantenschulden 172
Liegenschaft 169
lineare Abschreibung 71
liquid 18
Liquidität 13, 127, 128, 142
Liquiditätsplan 124, 138
Liquiditätsplanung 124, 138
Lizenzen 171
Löhne 62, 175
Lohnzulagen 175

Stichwort-Verzeichnis

M

Macintosh 108
Mahnwesen 125
Management 127
Mandanten 117
Marketing-Mix 127
Marketingplan 133, 134
Marktabklärung 133
Marktanteil 134
Marktchancen 134
Marktleistung 127
Marktpotential 133, 134
Marktvolumen 134
Maschinen 169
Maschinen, Mobilien, Geräte 64
Mehrwertsteuer 9, 115, 166
mehrwertsteuer-pflichtig 180
Mietzinsdepot 167
Mobiliar 169
Muster-Kontenplan 109
MWSt 166

N

Netto-Verschuldungsgrad 142
Neutrale Konten 46, 181
Nicht einbezahltes Aktienkapital 171

O

Obligationen 170
ORGANISATOR, Verlag 95
Overhead-Folien 104

Buchhaltung – ein Kinderspiel!

P
Passiv-Darlehen 170
Passiv-Konten 171
Passiven 15, 20, 36
Paßwort 108
Patente 171
Personal-Nebenkosten 176
Personalvorsorge 176
Persönlichkeits-Entwicklung 132
Pfandscheine 170
Popup-Menü 118
PowerMac 116
Privat-Anteile 74
Privatverbrauch 74, 96, 174
Produkt 127
provisorischer Abschluß 126

Q
Quellensteuer 177
Quick Ratio 142

R
Rabatte 180
Ratazinsen 173
Rechts- u. Buchführungskosten 178
Regeln 38
Rentabilität 127, 141
Return on Asset 141
Return on Equity 141
Rückstellungen 173
Rückvergütung Personalversicherung 176

S

Sachversicherungen 178
Saldo 87
schlechtes Geschäftsjahr 71
Schlußbilanz 49, 96, 181
Schlußbilanz I 98, 181
Schlußbilanz II 99, 182
Schuhschachtel-Unternehmer 125
Sicherheit 127, 141
Skonti 180
Software 106
Software-Entwickler 107
SoftWindows 116
Soll 33, 36
Soll-Saldo 88
Sozialzulagen 176
Steuerbehörde 98
Steuerberater 10, 164
Steuerfahnder 178
steuerliche Optimierung 95
Steuern 174
Stille Reserven 73
Subtraktion 12

T

Tabellenkalkulations-Programm 136
Taggelder 181
Transit Passiven 92
Transitbuchung 88
Transitkonto 88
Transitoren 87

Transitorische Aktiven 87, 168
Transitorische Passiven 87, 173
Treuhänder 10, 164

U
überbewerten 71
Umlaufvermögen 17
Unfall- u. Krankenversicherung 176
Unterhalt Anlagen 177
Unternehmens-Vision 132
Unternehmer-Persönlichkeit 131

V
Verbrauchsmaterial 21
Verlag ORGANISATOR 95
Verlust 25, 26
Verlust durch Beteiligungen 170
Vermögen 64
Vermögensverhältnisse 14
verrechnen 58, 61
Verrechnungskonto 58, 60, 172
Verrechnungsteuer 166
Verschuldungsgrad 141
Vertreterspesen 178
Vorräte 167

W
Waren- und Materialvorräte 83
Warenertrag 179
Warenfluß 127
Warenlager 73, 85

Wäsche und Reinigung 178
Wechsel 165
Wertschriften 170
Windows 116
Workshop «Groß-Erfolg im Kleinbetrieb» 122

Z
Zahlungsbereitschaft 14
zahlungskräftig 18
Zunahme in einem Aktiv-Konto 41
Zunahme in einem Aufwand-Konto 42
Zunahme in einem Ertragskonto 42
Zunahme in einem Passiv-Konto 41

Buchhaltung – ein Kinderspiel!

Groß-Erfolg im Kleinbetrieb

Wie man einen Betrieb von 1 bis 40 Mitarbeitern zum Erfolg führt

216 Seiten Taschenbuch
mvg-Verlag
ISBN 3-478-81165-1

Sind Sie Inhaber oder Geschäftsführer eines Betriebes mit 1 bis 40 Mitarbeitern? Können Sie auf trockene Theorie verzichten? Sind Sie eher ein Mensch, der die Ärmel hochkrempeln und etwas anpacken will?
Dann werden Sie dieses Buch mit Sicherheit in einem Zug durchlesen.
Auf unterhaltsame Weise lernen Sie hier,
- wie Sie Ihren Geist auf Erfolg trimmen,
- wie Sie gutes Personal finden, motivieren und behalten,
- wie Sie selber verkaufswirksame Werbetexte schreiben,
- Wie Sie lernen, «aus dem Bauch heraus» zu verkaufen,
- wie man richtig telefoniert,
- wie man Reklamationen als Chance nutzt,
- und vieles mehr...

«Der Autor spricht genau jene Fragen an, die jedem Kleinunternehmer täglich unter den Nägeln brennen [...] Hier wird Antwort gegeben [...] Die grundsätzlichen Gedanken zum Thema Erfolg lohnen allein schon die Anschaffung dieser Bettlektüre.» (Handel heute)

Weitere Publikationen von und mit Hans-Peter Zimmermann

Jetzt will ich endlich mehr verdienen!
Wie Sie den Sprung vom Normal- zum Spitzenverdiener schaffen

**232 Seiten Taschenbuch
mvg-Verlag
ISBN 3-478-81176-7**

Wie kann man eigentlich erfolgreich werden, wenn man im Moment «nur eine kleine Angestellte oder ein kleiner Angestellter» ist? Dieser Frage geht Hans-Peter Zimmermann in seinem zweiten Buch nach.
Seine Antwort: Die meisten erfolgreichen und glücklichen Menschen waren einmal «kleine Angestellte». Und alle haben einen Weg eingeschlagen, der sie nach oben führte. Wer nicht zu viel Zeit verschwenden möchte, sollte sich von Zimmermann den direktesten Weg zum Spitzen-Verdiener zeigen lassen.
«Jetzt will ich endlich mehr verdienen!» zeigt Ihnen, wo Sie Ihre Energie beziehen, wie Sie garantiert Ihren Traumjob bekommen, wie Sie mit den Marotten von Chefs, Mitarbeitern und Freunden besser fertig werden, wie Sie mehr Zeit gewinnen und vieles mehr.
Dieses Buch ist ein wahres Schatzkästchen, nicht nur für Angestellte!

«*Ein Selbstmanagement-Buch, das auch Chefs lesen sollten.*»
(*Bücher-Perspektiven*)

Buchhaltung – ein Kinderspiel!

Geld ist schön
Woher das Geld kommt, und wie Sie es in Ihr Leben ziehen

196 Seiten broschiert
apm-Verlag
ISBN 3-9520152-1-0

Geld allein macht bekanntlich nicht glücklich. Aber, wie es Hans-Peter Zimmermann ausdrückt, «es erlaubt glücklichen Menschen, das Leben zu leben, das sie verdienen.»
In diesem Buch räumt Zimmermann gründlich auf mit alten geistigen Schallplatten. Wenn Sie seine Tips befolgen, ist die Chance groß, daß Sie systematisch so viel Geld in Ihr Leben ziehen, wie Sie für Ihre Lebensaufgabe benötigen.
«Geld ist schön» bringt Sie nicht nur finanziell weiter; das Buch ist gleichzeitig eine Entdeckungsreise in Ihr Inneres und ein Schritt in Richtung universelles Bewußtsein.
Zimmermann fragt provokativ: «Was möchten Sie eigentlich am liebsten sein? Arm und unglücklich? Arm und glücklich? Reich und unglücklich? Oder reich und glücklich? Sie haben die Wahl!»

«Kompetent und unterhaltsam zeigt Zimmermann auf, wie man sich systematisch auf Glück, Erfolg und Reichtum programmieren kann. Neben Visualisierungsübungen zur Vermehrung des Geldflusses bringt er praktische Tips mit passenden Übungsblättern.» (Schweizer Handelszeitung)

Weitere Publikationen von und mit Hans-Peter Zimmermann

Das Taschen-Puscherl

Ein etwas anderes Märchen für Erwachsene und solche, die es werden wollen

50 Seiten broschiert
apm-Verlag
ISBN 3-9520152-2-9

Frage: Was geschieht, wenn ein Unternehmensberater und Bestseller-Autor auf einmal unter die Märchen-Schreiber gerät? Antwort: Es entsteht eine schräge, freche und motivierende Geschichte, die Sie jeden Tag ein wenig «puscht» und ermuntert, in Richtung Ihrer Träume zu schreiten.
«Das Taschen-Puscherl» ist ein kleines, 50-seitiges Büchlein, das in jede Handtasche paßt. Und genau dort gehört es auch hin. Damit Sie es immer wieder lesen können.
Die Geschichte vom Durchschnittsbürger, der plötzlich aufwacht und in Richtung seiner Träume schreitet, ist mehr als nur ein Märchen. Wer dieses Büchlein in der Tasche trägt und sich jeden Tag ein wenig von ihm «puschen» läßt, darf sich nicht wundern, wenn er auf einmal wie im Märchen lebt...

«Oft genügt eine kleine Geschichte, manchmal ein einziger Satz, um das Leben eines Menschen völlig zu verändern.»
(Ralph Waldo Emerson)

Buchhaltung – ein Kinderspiel!

Patrice im Plunderland

Ein Märchen für aufgeweckte Kinder und noch nicht ganz eingeschlafene Erwachsene

58 Seiten broschiert
apm-Verlag
ISBN 3-9520152-8-8

Hans-Peter Zimmermanns zweites Märchen, «Patrice im Plunderland», ist eine erfrischend provokative Auseinandersetzung mit dem Thema Religion. Mit kindlicher Leichtigkeit und mitunter schelmischem Humor stellt Zimmermann die verkrusteten Machtstrukturen der etablierten Kirchen an den Pranger. Wer zwischen den Zeilen lesen kann, wird ganz feine Töne entdecken und vielleicht sogar zu einer persönlichen, «echten» Religion finden. Im lockeren Dialog mit dem Leser entsteht eine Geschichte, die jeden wahrhaft Suchenden zum Nachdenken anregen wird. «Patrice im Plunderland» hätte man uns schon in der Sonntagsschule vorlesen sollen. Vorsicht: Nichts für christliche Fundamentalisten, die in Gott einen alten Mann sehen, der auf einem Stühlchen sitzt und über die Menschen richtet!

«Das Büchlein hat in unserer Familie zu interessanten Diskussionen geführt und bewirkt, daß wir öfter mal reden statt fernsehen. Allein dafür hat der Autor einen Oscar verdient!» (Schweizer Hausfrau und Mutter)

Weitere Publikationen von und mit Hans-Peter Zimmermann

In den Sand geschrieben...
Ein Arbeitsroman

**290 Seiten Hardcover
apm-Verlag
ISBN 3-905091-02-X**

Auf einer seiner zahlreichen Geschäftsreisen nach Hong Kong erhält Gregor Kaspach einen Anruf von einem mysteriösen Unbekannten, der behauptet, sein Vater zu sein. Das Problem ist nur: Gregors Vater, ein ehemaliger Nazi, ist angeblich seit Jahren tot.
Damit beginnt eine spannende Geschichte, die den Leser bis zur letzten Seite nicht mehr in Ruhe läßt.
Doch Hans-Peter Zimmermanns Roman-Erstling ist keine gewöhnliche Abenteuer-Geschichte. Sie wartet immer wieder mit Überraschungen auf, die den Leser dazu bringen, über den Sinn seines eigenen Lebens nachzudenken.

*«Das Buch stellt viele Fragen, behandelt Manager-Probleme und will Mut machen, die eigenen Probleme anzugehen, den persönlichen Lebensverlauf immer wieder zu überdenken und gegebenenfalls auch zu verändern [...] Wer die bisher vom Autor erschienenen Bücher kennt, weiß, daß ihn unbequeme Fragen und ein etwas anderer Umgang mit bekannten Themen und Lösungswegen erwarten – ohne verrostete Konventionen.»
(Zeitschrift «Motivation»)*

Buchhaltung – ein Kinderspiel!

Kick!
Die Motivations-Spritze für den Alltag

Eine Tonband-Serie von und mit Hans-Peter Zimmermann

ISBN	Nr. 1	3-9520152-3-7
	Nr. 2	3-9520152-4-5
	Nr. 3	3-9520152-5-3
	Nr. 4	3-9520152-6-1
	Nr. 5	3-9520152-7-X
	Nr. 6	3-9520152-9-6
	Spezial	3-905091-01-1

Nr. 1 Wie man seinem Lebenstraum auf die Spur kommt
Ein guter Einstieg. Am Anfang ist immer ein Gedanke...

Nr. 2 Wie man die Hindernisse des Alltags überwindet
Wenn ein Gedanke oder Traum ausgesprochen wird, kommen die ersten Hindernisse...

Nr. 3 Wie man sich und seine Ideen besser verkauft
Die Bedingung, um alle benötigte Hilfe auch zu bekommen...

Nr. 4 Wie man seine persönlichen Beziehungen verbessert
In einer Partnerschaft macht das Ganze noch mehr Spaß...

Nr. 5 Wie man auf seine innere Stimme hört
Vorschläge für ein erweitertes Weltbild. Vorsicht: Nichts für Leute mit einem Fischchen-Kleber am Auto!

Nr. 6 Wie man ein besseres Verhältnis zum Geld bekommt
Träume sind nicht immer billig...

Spezial Hans-Peter Zimmermann verrät, wie es ihm bei der Umsetzung seiner Rezepte selbst ergangen ist
Sehr aufschlußreich!

Weitere Publikationen von und mit Hans-Peter Zimmermann

Mutig, glücklich, erfolgreich

14 Klein-Unternehmer verraten ihre Erfolgsrezepte
Hrsg.: Wendelin Niederberger

**240 Seiten Hardcover
apm-Verlag
ISBN 3-905091-00-3**

Sind Sie ein Mensch, der Risiko und Abenteuer liebt? Sind Sie ein Mensch, der in diesem Leben etwas Besonderes sein will? Haben Sie Träume, die Sie in diesem Leben noch zu verwirklichen gedenken? Glauben Sie, daß Sie aus den Erfolgen und Fehlern anderer Menschen lernen können?

Wenn Sie mindestens eine dieser Fragen mit ja beantwortet haben, dann lohnt sich ein Blick in dieses Buch mit Sicherheit. Der Schweizer Erfolgs-Hotelier Wendelin Niederberger stellt darin in lockerer Weise 14 erfolgreiche Klein-Unternehmer im deutschsprachigen Raum vor.
Ihnen allen ist eines gemeinsam: Sie wollen erfolgreich und glücklich sein. Und sie haben den Mut, dieses Ziel über alle Hindernisse des Alltags hinweg zu verfolgen.
Wenn Sie ähnliche Ziele haben, werden Sie in diesem Buch 14 wertvolle Ratgeber und Verbündete finden.

Übrigens... die spannende Lebensgeschichte von Hans-Peter Zimmermann ist auch dabei!

Buchhaltung – ein Kinderspiel!

Sämtliche Publikationen
von Hans-Peter Zimmermann
sind im Buchhandel erhältlich
oder direkt bei:

**apm Vertrieb und Seminare
Bernstr. 217
CH-3052 Zollikofen
Telefon (031) 911 48 48
Fax (031) 911 49 00
E-Mail walker.apm@spectraweb.ch**

Bei dieser Adresse
können Sie auch kostenlos
Hans-Peter Zimmermanns
monatlichen Newsletter
«Der Brief aus Amerika»
bestellen.